SAFRAN UND KARDAMOM

RITA HENSS

Safran und Kardamom

DIE ORIENTALISCHE GEWÜRZKÜCHE

THORBECKE

BIBLIOGRAFISCHE INFORMATION DER DEUTSCHEN NATIONALBIBLIOTHEK
DIE DEUTSCHE NATIONALBIBLIOTHEK VERZEICHNET DIESE PUBLIKATION IN DER DEUTSCHEN NATIONALBIBLIOGRAFIE; DETAILLIERTE BIBLIOGRAFISCHE DATEN SIND IM INTERNET ÜBER HTTP://DNB.D-NB.DE ABRUFBAR.

WWW.THORBECKE.DE · INFO@THORBECKE.DE

DIESES BUCH IST AUS ALTERUNGSBESTÄNDIGEM PAPIER NACH DIN-ISO 9706 HERGESTELLT.
GESTALTUNG: FINKEN & BUMILLER (CHANDIMA SOYSA), STUTTGART
GESAMTHERSTELLUNG: JAN THORBECKE VERLAG, OSTFILDERN
PRINTED IN GERMANY
ISBN 978-3-7995-3552-6

Inhalt

Die Wohlgerüche des Orients

FRUCHTBARE TÄLER LIEGEN NEBEN KARGEM BERGLAND.

MAUERN AUS GRÜNEN UND GELBEN MELONENKUGELN TÜRMEN SICH APPETITLICH UNTER SONNENSEGELN.

Orient – welch' wunderbare Assoziationen ruft dieser Begriff hervor: Herrliche Landschaften, märchenhafte Paläste, farbenfrohe Märkte und eine Fülle exotischer Aromen, die die Nase ebenso kitzeln wie den Gaumen.

Bei Sidi Belaid zum Beispiel. Aus seinem kleinen Lokal weht der würzige Duft von Rindfleischspießen. Der Feuerschein des offenen, gemauerten Holzkohleöfchens im Eingang lässt den olivfarbenen Teint des massigen Wirts schimmern wie Bronze. Aus dem felsig-kargen Berberland in Marokkos Süden zog Herr Belaid hinauf in den Norden, wo Allah die Erde mit seinem Segen um einiges kräftiger tränkte als im Rest des Königreiches.

Schon unmittelbar an der Straße zeigt sich der Beweis für die Fruchtbarkeit dieser Region: Mauern aus grünen und gelben Melonenkugeln türmen sich appetitlich unter langen Sonnensegeln; hinter schattigen Zedern- und Korkeichen-Wäldern tüpfelt weiß-schwarzes Storchengefieder ein Sumpfgebiet; Olivenhaine malen silbrige Silhouetten vor flirrendes Sommerazur – und am Horizont dehnen sich Sonnenblumenfelder. Auch Mandeln und Kiwis, Kakhi-Früchte, Pfirsiche, Kichererbsen, Bohnen, Äpfel, Birnen, Feigen und Weintrauben bringt die rostrote und schokoladenbraune Erde Nordmarokkos hervor, die mancherorts Namen trägt wie *vallée heureuse*, glückliches Tal. Hier schenkt die Erde selbst dort noch Gedeihen, wo sie hell und feinsandig ist.

Nicht nur der profane europäische Reisende des 21. Jahrhunderts gerät angesichts solch eines paradiesischen orientalischen Szenarios ins Schwärmen. Unzählige Dichter und Denker des Okzidents erlagen seit jeher immer wieder den Reizen des so genannten Morgenlandes, unter dem man einst übrigens die gesamte asiatische Welt verstand – von Indien bis China, vom Maghreb bis Persien.

Wir folgen für unsere Gewürz-Reise in den Orient indes weitgehend dem aktuellen Sprachgebrauch und laden Sie ein zu einem kulinarischen Fest in den arabisch-islamischen Kulturraum, also in die Länder Nordafrikas, des Nahen Ostens, aber auch zu den familiären und festlichen Tafelfreuden der Türkei und des Iran.

SCHAFE AUF DEM MARKT, ZUM VERKAUF ZUSAMMENGEBUNDEN.

BROT GEHÖRT ZU FAST ALLEN MAHLZEITEN.

Über mehr als zehntausend Quadratkilometer erstrecken sich die Staaten, die man heute zum Orient zählt – und damit, wen wundert es, auch über mehrere Klima- und Agrarzonen.
Wüste, Steppe, Gebiete mit mediterranen Bedingungen, alles ist vorhanden, sogar ein besonders vom Wasser gesegnetes Areal. „Fruchtbarer Halbmond" nannte der amerikanische Historiker James H. Breasted im 19. Jahrhundert das Gebiet im Norden der arabischen Halbinsel, welches sich von den Nilufern Unterägyptens bis zum Persischen Golf zieht und mit den antiken Kulturregionen Phoenicia und Mesopotamien sichelförmig die Trockengebiete Syriens umschließt.
Bereits sehr früh gingen die Menschen im so genannten Zweistromland zwischen den Flüssen Euphrat und Tigris von ihrer rein nomadischen Lebensweise über zu Ackerbau und Viehzucht, so dass sich auch neue Kochtraditionen entwickelten.
Welch wichtige Rolle dabei Gewürze und Kräuter spielten – obwohl (oder vielleicht gerade weil?) sie anscheinend nicht einfach zu bekommen waren – lässt sich nachlesen auf den Keilschrifttafeln, die die Jahrtausende überdauert haben. Da heißt es etwa in einem Brief: „Zu Nur-Schamasch sprich! Folgendes sagt Egigi: Schamasch soll Dich am Leben erhalten! Hiermit schicke ich den Awilija zu Dir. Schicke mir 10 Liter Koriander und 2 Liter Gurkensaat! Du sollst sie ihm nicht vorenthalten! Das Verlangen danach ist sehr groß. Gib sie ihm!" (Altbabylonische Briefe, 6, 11).
Aber nicht nur Bestellungen, auch Rezepte sind überliefert aus Mesopotamien und seiner Prunkstadt Babylon rund 1700 Jahre vor Christi Geburt. Auf Tontafeln waren die Zubereitungen verzeichnet, von der Gazellenbrühe bis zu Heuschrecken am Spieß. Ölkuchen schienen die alten Babylonier ebenfalls zu lieben; es stand jedenfalls auf einem der von den Archäologen gefundenen Täfelchen folgende Anweisung zu lesen: „Verschiedene Getreidearten werden geschrotet und zu Mehl vermahlen. Danach vermischt man dieses Mehl mit Öl, getrockneten Datteln, Terebinthen-Nüssen, Rosinen, Äpfeln und Feigen. Dazu gibt man vier Gewürze: Knoblauch, Nelken, Kümmel und Koriander. Man kann auch Honig hinzufügen. Daraus macht man ein Brot, das im Ofen ausgebacken wird."
Nelken, Kümmel (vielleicht war auch Kreuzkümmel gemeint), Koriander – mögen sich die Küchen der einzelnen Regionen des Orients auch durchaus unterscheiden; vieles ist ihnen gemeinsam und grenzt sie deutlich ab von den Genüssen des Okzidents. Eines der Bindeglieder sind sicherlich die Spezereien, deren Lob auch das Alte Testament in den Hohen Liedern des Salomon besingt. Wie Honig oder Zuckersirup, beides unentbehrlich für orientalische Backwaren, fließen die Worte, wenn es dort heißt: „Meine Schwester, liebe Braut, du bist ein verschlossener Garten, eine verschlossene Quelle, ein versiegelter Born. Deine Gewächse sind wie ein Lustgarten von Granatäpfeln mit edlen Früchten, Zyperblumen mit Narden, Narde und Safran, Kalmus und Zimt, mit allerlei Bäumen des Weihrauchs, Myrrhen und Aloe mit allen besten Würzen."
Die Schärfe oder Süße orientalischer Spezereien, ihre feinen Bitter- oder Pikant-Akzente, in reiner

HÖLZERNE FISCHKUTTER SÄUMEN DEN WEG ZU DEN IMBISS-STÄNDEN. DER FISCH WIRD EINFACH ÜBER HOLZKOHLE GEGRILLT.

Form oder als ausgeklügelte Mischung, frisch, getrocknet, als Puder oder feurige Würzpaste, verleihen den Speisen das gewisse Etwas, welches europäische Geschmacksknospen oft zunächst irritiert. So beklagt sich beispielsweise der Dichterfürst Johann Wolfgang von Goethe bei einer Reise ins geographisch zwar noch europäische, kulinarisch aber durchaus maurisch beeinflusste Sizilien: „In unserer Herberge befanden wir uns freilich sehr übel. Die Kost, wie sie der Maultierknecht bereiten konnte, war nicht die beste. Eine Henne, in Reis gekocht, wäre dennoch nicht zu verachten gewesen, hätte sie nicht ein unmäßiger Safran so gelb als ungenießbar gemacht." Nun ja, verehrter Herr Rat, Safran ist ein starkes Gewürz, dessen Überdosierung tatsächlich Gerichte bitter macht. Aber ist ein Zuviel von was auch immer nicht stets ungesund für Leib und Seele? Neben den speziellen, bei kundiger Verwendung nicht nur Genuss, sondern auch das Wohlbefinden befördernden Gewürzen, Würzkräutern und Blütenwässern (vornehmlich von der Rose und der Orange) sind es auch schon die Grundzutaten der orientalischen Küche, ihre Zusammenstellung und Art ihrer Behandlung, die uns, bei entsprechender Bereitschaft unseres europäischen Gaumens, ein wunderbares kulinarisches Abenteuer erleben lassen: Gänzlich Fremdes begegnet uns dabei ebenso wie Bekanntes, doch das Vertraute überrascht den Gaumen oft in niemals zuvor genossener Variation und Kombination.

Beginnen wir mit dem Getreide. Vor allem Weizen spielt in der orientalischen Küche bis heute eine grundlegende Rolle. Wir begegnen ihn nicht nur als Brotbasis, sondern augenfällig in Gestalt von Grieß (Bulgur). Hirse, Gerste (beides wie Weizengrieß als Basis für Couscous) und Reis kommen traditionell eher nur in bestimmten Regionen in den Topf. Hülsenfrüchte indes findet man wieder in fast jedem. Auch Öl eint das kulinarische Morgenland – sei es vom klassischen Ölbaum, also aus Oliven gepresst, oder als Produkt spezieller Kerne, wie jenes der Argan-Frucht. Nicht nur wegen seines speziellen nussigen Aromas, sondern vor allem aufgrund seiner gesunden Eigenschaften (hoher Anteil an unge-

BERBERFRAUEN NUTZEN DAS ÖL DER ARGANFRÜCHTE SEIT ALTERS HER UND GEWINNEN ES OFT NOCH EIGENHÄNDIG.

sättigten Fettsäuren und Vitamin E) macht es inzwischen auch in Europa Furore. Berber-Frauen benützen Arganöl seit alters her (kulinarisch wie kosmetisch) – und gewinnen es oft noch eigenhändig. Wie Samira in Tafraoute. In ihrer Küche im ersten Stock des würfelförmigen Lehmhauses hockten wir gemeinsam auf dem Boden. Irgendwann hielt mir die junge, traditionell gekleidete Marokkanerin die Schale ihres flachen Steinmörsers – scherzhaft nannte sie ihn „Moulinex der Berber" – unter die Nase, in der sie unermüdlich den Stößel mit ihrer Hände Kraft hatte kreisen lassen, um die Kerne der Argan-Früchte zu zermahlen. Welch ein Duft! „Über Couscous träufeln", riet mir Samira mit strahlendem Lächeln. Aber erst einmal stippten wir ein Stück Fladenbrot in das goldbraune Öl. Einfach köstlich, köstlich einfach!

Es ist diese Mischung aus einfach und raffiniert, die sich kulinarisch nahezu überall findet im Orient. Aufgetischt wird sowohl rustikal Deftiges (Eintöpfe, Innereien, Schmor- und Grillgerichte) als auch fein Ausbalanciertes wie der Vorspeisereigen *Mezze* oder *Mezzeh*, in der Regel kunstvoll angerichtet in schönen kleinen Schalen oder auf speziellen Tellern. Da locken zum Beispiel auf einer jordanischen Tafel: knackig-grüner Khas-Salat, goldgelbe Humous-Creme, weißer Laban (Joghurt), knusprig-braune Hühnchen- und Hammelstücke, dekoriert mit Minzebüscheln und Tamarisken-Blüten.

Libanesische Köche gelten als die Meister raffinierter Mezze (und auch anderer eleganter Kreationen am Herd), ebenso wie die kulinarischen Vertreter des alten Persien. Die heutige Küche des Iran ist eine exquisite Symbiose arabischer und asiatischer Traditionen; in ihrer Konsistenz und Würzung weist sie einige Gemeinsamkeiten mit der indischen Küche auf. Duftreis beziehungsweise Basmatireis, oft mit untergemischten Kräutern und Früchten, bildet die Basis vieler Speisen; Nüsse, Safran und Kurkuma sind wichtige Würzmittel und dienen zudem oft der Verzierung.

Der syrischen Küche wird nachgesagt, neben der libanesischen die beste des Vorderen Orients zu sein: vielfältig, pikant, mit französischen Anklängen. In Tunesien und Algerien entdeckt man eher eine Ausrichtung zum Einfachen; Marokko spielt mit Gerichten wie der Pastilla schon wieder in der weniger schlichten kulinarischen Liga.

Gegessen wird im gesamten Orient soweit als möglich in der Gemeinschaft der Familie, am liebsten der Großfamilie. Zu besonderen gesellschaftlichen Anlässen

wie Hochzeit oder religiösen Festen (Ramadan, Großes Fastenbrechen) wächst die Anzahl der Speisenden ebenso wie die Auswahl der oft ausschließlich zu diesem Tag oder Zeitraum bereiteten Speisen.
Im Alltag gibt es natürlich auch Fastfood – wie zum Beispiel am Eingang des Suq al Zamek, dem täglichen Fischmarkts von Al Hudayda, der zweitgrößten Stadt im Jemen. Bereits morgens um sechs läuft Mohammeds Fahrrad-Küche hier auf vollen Touren. Goldgelbe Zwiebelringe schmurgeln in der Pfanne auf dem Gepäckträger, in der „Auslage" vor der Lenkstange türmen sich Tomaten, rechteckige Brötchen, hart gekochte Eier, bunte Gewürzpuder. Mit flinken Fingern bereitet der schmächtige Herr des Imbiss-Drahtesels aus diesen Zutaten ein köstliches Frühstückssandwich zu. Einige Meter weiter braut sein hünenhafter Namensvetter in verbeulten Blechkannen süßen, nach Zimt und Kardamom duftenden Tee – wahlweise mit einem Schuss zuckriger Dosenmilch verfeinert oder *achmar*, „rot", also in unserem Sinne „schwarz".
Ein unregelmäßiges Spalier aus hölzernen Fischkuttern, bemalt mit phantasiereichen Ornamenten, säumt das staubige Stück Piste, welches von Mohammeds Fahrradküche bis zum Hafenbecken führt. Männer, Knaben, Greise, mit Wickelröcken um die Lenden, hocken vor den schrägen Kielen der aufs Trockene gezogenen Schiffe oder schlummern auf braun-grünen, aus groben Fangnetzen getürmten Hügeln der Ankunft der Fischer entgegen. Kurz vor sieben machen die ersten Schaluppen an der Kaimauer fest. Aus den Eisboxen in ihrem Bauch hieven hilfreiche Hände die silbrige Fracht in große, aus Stroh geflochtene Taschen: Königsfische, Thunfische, Stachel- und Teufelsrochen, Barsche, kleine Haie, Mantas ...
In vielen orientalischen Küstenregionen spielt Fisch die zentrale Rolle auf dem Küchenplan – oft gepaart mit der säuerlichen Note von Limonen, Zitronen oder Sumach, dem Essigbaum-Gewürz. Auch Granatapfelsaft oder -sirup verleiht so manchem Fischgericht ein spezielles Aroma. Sauer eingelegt wird auch Gemüse – so es nicht zusammen mit Fleisch in den Kochtopf wandert. Oder gefüllt wird mit Hackfleisch, Kräutern, Reis. Salate sind ebenfalls ein gesamtorientalisches Thema – etwa *tabouleh*: aus frischer Petersilie, Frühlingszwiebeln, Minze und Bulgur.
Aus der modernen orientalischen Küche sind Importe der Neuen Welt heute kaum noch wegzudenken: Paprika, Chili, Tomaten, Kartoffeln bereicherten die althergebrachte Vielfalt der Aromen.

ZUR ORIENTALISCHEN GASTFREUNDSCHAFT GEHÖRT DER TEE

An dem traditionell hohen Stellenwert der orientalischen Gastfreundschaft freilich hat sich trotz „Fremdware" und Konservendose nichts geändert. Der Gast ist König – ihm zu Ehren wird das Beste aus den Vorratsschränken geholt und aufgetischt. Ob Tee, Kaffee oder andere Willkommensgrüße – stets wird der Geladene zuerst bedient beziehungsweise darf als erster zugreifen. Dieses Ritual setzt sich fort im gesamten Verlauf des Mahles.
Auch bei der Zubereitung einzelner Speisen und bei der Verwendung bestimmter Gewürze kennt der Orient eigene Rituale. Mögen sie neudeutsch vielleicht auch eher dem Begriff „Kniff" entsprechen, so haben wir ihnen doch in diesem Buch ihren Platz eingeräumt – ebenso wie wir der Vorliebe für große Mengen bei den Rezepten mitunter Rechnung tragen. Denn manches Gericht lässt sich einfach nicht für zwei Personen zubereiten, sondern braucht die Masse, um seinen unnachahmlichen Geschmack zu entfalten. Und manchmal auch, um dem Auge ein Fest zu bereiten mit herrlicher Farbigkeit und wunderschöner Präsentation. In diesem Sinne: viel Freude beim Lesen und gutes Gelingen beim Ausprobieren der Rezepte ...

Gewürze
und Rezepte

Kardamom

(Elettaria cardamomum)

Anders als in Europa, wo man den KARDAMOM hauptsächlich als Lebkuchen-, Spekulatius- und Glühweingewürz kennt, sind die süßlich-scharfen Früchte beziehungsweise Samen in der asiatischen und vor allem in der arabischen Küche weit verbreitet. Die nach Kardamom duftende Kaffeespezialität *qahwa al-arabiya* etwa ist quasi die flüssige Botschafterin orientalischer Gastfreundlichkeit; Tee wird ebenfalls oft mit der rauchigen und zugleich frischen Note von Kardamom aromatisiert. Aber auch vielen orientalischen Fleisch- und Reisgerichten verleiht der wohlriechende Kardamom sein im Nachgeschmack an eine Mischung aus Zitrone, Kampfer und Bergamotte erinnerndes Aroma.

DER KARDAMOM-STRAUCH TRÄGT BLASSBLAUE BLÜTEN.

Beheimatet ist das schilfartige Ingwergewächs ursprünglich in Südindien – im Bundesstaat Kerala ist eine ganze Bergkette nach danach benannt: die Cardamom Hills – und in Sri Lanka, wo auch heute noch der Verbrauch am höchsten ist. Der indische Kardamom ist etwas kleiner und aromatischer als der ceylonesische (Elletaria major). Allerdings gelangt wegen des hohen Inlandsverbrauchs nur wenig Kardamom aus diesen Ländern in den Export. Im Ausland gehandelt wird heute vor allem Kardamom aus Guatemala; seit etwa einem Jahrhundert wird er dort in nahezu schattenlosen Plantagen speziell für den Weltmarkt angebaut. Weitere Anbauländer sind Tansania, Madagaskar, Papua-Neuguinea und Vietnam.

Der Kardamom-Strauch ist mehrjährig; die einzelnen Pflanzenhalme mit vielen lanzettlichen Blättern erreichen eine durchschnittliche Höhe von 2 bis 3 Metern. Der Blütenstiel wächst aus einem flach über dem Boden kriechenden Seitenspross. Die Blüten sind in einer Rispe angeordnet und haben blassbläuliche Blätter mit gelbem Rand. Die Früchte sind dreigeteilte, strohige Kapseln von grünlicher Farbe, die ätherische Öle (unter anderem Eucalyptol) enthalten. In jedem der drei Fächer sitzen vier bis acht unregelmäßig geformte, grau- bis rötlichbraune oder schwärzliche, etwas klebrige Samen.

Kardamom verliert leider seinen angenehmen Geruch sehr rasch, vor allem, wenn er gemahlen wird. Oft sind bei dem schon fertig gemahlenen Kardamompulver (es sieht ein wenig aus wie Zimt) auch die geschmacklosen Fruchtschalen mit dabei. Um in den Genuss der frischen, würzigen, süßlichen Schärfe der Kardamomsamen zu kommen, sollte man daher nur ganze Kardamomkapseln kaufen und diese nicht länger als ein bis zwei Jahre aufbewahren. Zur Verwendung empfiehlt es sich, die Samen lieber mit dem Messerrücken zu quetschten oder im Mörser zu zerstoßen als sie zu mahlen. Am besten entfaltet Kardamom sein Aroma bei Hitze, daher kann er zunächst langsam in einer fettfreien Pfanne geröstet werden. Es empfiehlt sich zudem, ihn frühzeitig zu dem jeweiligen Gericht zu geben.

Beim Einkauf von Kardamom ist unbedingt auf die Farbe zu achten: sattgrüne, das heißt unreife Kapseln (in diesem Zustand werden sie in der Regel geerntet, da nicht alle gleichzeitig reifen; dann getrocknet) sind wesentlich hochwertiger als blassgrüne oder durch das Sonnenlicht nach der Ernte weißlich-gelb gebleichte.

Nach Safran und Vanille wird Kardamom oft als das dritt-teuerste Gewürz der Welt bezeichnet. Schon die alten Griechen und Römer benutzten und schätzten es – ob wegen seiner verdauungsfördernden, magenstärkenden und krampflösenden Wirkung oder eher in seiner Funktion als Anregungsmittel für Körper und Geist (Aphrodisiakum), sei dahin gestellt. Fest steht indes, dass gekaute Kardamomsamen gut gegen Knoblauch- und Alkoholatem wirken.

Kardamom-Tee

8 GRÜNE KARDAMOMKAPSELN | 1 ZITRONE (UNBEHANDELT) | GRÜNER TEE (GUNPOWDER) | MILCH | HONIG

Kardamomkapseln im Mörser zerstoßen, von der Zitronenschale dünne Zesten abschälen, beides mit einem Liter Wasser zum Kochen bringen und 5 Minuten bei schwacher Hitze ziehen lassen.
In eine Teekanne geben und mit 3 Teelöffeln Grünem Tee weitere 5 Minuten ziehen lassen. Durch ein Teesieb abgießen oder gleich in die Gläser füllen und mit Milch und Honig abschmecken.

WÜRZIG UND SÜSS SOLLTE DER ORIENTALISCHE TEE GETRUNKEN WERDEN.

ZUM SCHWARZEN KAFFEE GIBT EIN STÜCKCHEN BAKLAVA DIE SÜSSE.

Baklava

GEFÜLLTES BLÄTTERTEIGGEBÄCK AUS DER TÜRKEI

Das beliebte und bekannte türkische Dessert, auch gerne zu einem starken, schwarzen Kaffee serviert.

ZUTATEN FÜR EINE GROSSE, FLACHE BACKFORM ODER AUFLAUFFORM

FÜR DEN SIRUP: 450 G ZUCKER | 300 ML WASSER | 30 ML ROSENWASSER | FÜR DIE FÜLLUNG: 350 G PISTAZIEN | 150 G PUDERZUCKER | 1 EL KARDAMOM (GEMAHLEN) | 150 G BUTTER | 18 BLÄTTER FILOTEIG ODER 12 BLÄTTER BLÄTTERTEIG

Für den Sirup Wasser mit Zucker zum Kochen bringen, anschließend 10 Minuten lang bei schwacher Hitze köcheln lassen. Vor dem Abkühlen das Rosenwasser hinzufügen. Für die Füllung die Pistazien grob mahlen, mit Puderzucker und Kardamom vermischen. Ofen auf 160°C vorheizen, die Butter kurz in den Ofen stellen, bis sie geschmolzen ist. Die Backform leicht einfetten, dann den Boden überlappend mit etwa 6 Filo-Blättern auslegen, dabei jedes Blatt einzeln vorher anfeuchten und nachher mit der flüssigen Butter einstreichen. Die Hälfte der Pistazienfüllung mit einem Messer auf der ersten Teigschicht verstreichen. Die Füllung mit den nächsten 6 angefeuchteten Filo-Blätter bedecken, diese ebenfalls dabei einzeln mit Butter bestreichen. Die andere Hälfte der Füllung darauf verteilen, wieder mit 6 gebutterten Filo-Blättern abschließen. Die oberste Teigschicht gitterartig einschneiden. Die restliche Butter auf der obersten Teigschicht verteilen. 20 Minuten lang bei 160 Grad backen, dann die Temperatur auf 200°C erhöhen und noch einmal 15 Minuten lang backen, bis der Baklava knusprig gelb wird. Aus dem Ofen nehmen und das warme Gebäck mit dem Sirup tränken, jedoch etwa 1/3 des Sirups zurückhalten. Nach Wunsch die einzelnen Portionen noch jeweils mit einigen gehackten Pistazien verzieren. Den Baklava abkühlen und durchziehen lassen. Den restlichen Sirup in einer kleinen Kanne zum Baklava auf den Tisch bringen. Bei einer runden Backform die Portionen rautenförmig vorzeichnen.

Lammhaxe

MIT KARDAMOM UND ORANGE
AUS ALGERIEN

ZUTATEN (FÜR 4 PERSONEN)

4 LAMMHAXEN, DIE ÄUSSERE FETTSCHICHT VOM METZGER ENTFERNEN LASSEN | 1 TL SALZ | FRISCH GEMAHLENER SCHWARZER PFEFFER | 5 EL OLIVENÖL | 400 G ZWIEBELN | 1/4 TASSE KNOBLAUCHZEHEN | 1 TL FRISCHER, KLEINGESCHNITTENER INGWER | 2 KARDAMOMKAPSELN, DARAUS DIE SAMENKÖRNER | 1 PRISE SAFRAN | 1 EL CHILI FLOCKEN | 1 EL GEMAHLENE NELKEN | 2 EL FENCHELSAMEN | 1/2 ZIMTSTANGE | 2 TL CURRY | 1/2 TASSE MANDELN (EVENTUELL SCHON GEHOBELT) | 1/2 TASSE SULTANINEN | 750 ML WASSER | 500 G EIERTOMATEN, GEHÄUTET UND IN WÜRFEL GESCHNITTEN (ODER GEWÜRFELTE TOMATEN AUS DER DOSE VERWENDEN) | 750 ML WASSER | 1 ORANGE, UNBEHANDELT (SAFT UND SCHALE) | 400 G KAROTTEN | 1 GROSSE FENCHELKNOLLE

DAS DUFTIGE AROMA DER ORANGE PASST GUT ZUR FRISCHE DES KARDAMOM.

Ofen auf 140 Grad vorheizen, Lammfleisch großzügig mit Salz und Pfeffer würzen. Zwiebeln würfeln, Knoblauchzehen häuten und zerdrücken, Karotten schälen und wie auch den Sellerie in große Würfel zerteilen. Mandeln in heißes Wasser legen, häuten und in dünne Scheiben schneiden (oder fertige gehobelte Mandeln verwenden), Orangenschale dünn abreiben, Orange auspressen. Eiertomaten überbrühen, häuten und in Würfel schneiden.
Zwei Esslöffel des Olivenöls in einer ofenfesten tiefen Pfanne oder einem Bräter erhitzen, die Haxen darin einzeln auf jeder Seite etwa fünf Minuten anbräunen. Herausnehmen und beiseite legen. Zwei weitere Esslöffel Olivenöl in die Pfanne geben, ebenso die Zwiebeln und den Knoblauch. Leicht andünsten, bis die Zwiebeln glasig sind. Dann Ingwer, Kardamomsamen, Safran, die Chili-Flocken, Nelken, Fenchelsamen, Zimt, Curry, Salz, Mandeln und Sultaninen hinzufügen, kurz anbraten, mit ungefähr 750 ml Wasser ablöschen. Die Brühe unter Rühren rund fünf Minuten weiter köcheln lassen. Nun die gewürfelten Tomaten, die Brühe, die geriebene Orangenschale und den Orangensaft zufügen und gut unterrühren. Die Haxen hineinlegen und das Ganze zum Kochen bringen. Mit Deckel oder einer Lage Backpapier bedeckt in den Ofen schieben und dort etwa 2 Stunden bei mittlerer Hitze weiter garen lassen, bis das Fleisch fast von den Knochen fällt. Zum Schluss Karotten und Fenchel zugeben und 15 weitere Minuten backen, bis das Gemüse weich ist. Vor dem Servieren jede Portion mit etwas Olivenöl beträufeln.

An Stelle des Wassers kann auch eine Flasche Weißwein zum Ablöschen genommen werden.

Muhallebi

ARABISCHER MILCHPUDDING

ZUTATEN (FÜR 4 PORTIONEN)

1 TL GERIEBENER KARDAMOM | 1 EL ROSENWASSER | 1,25 L MILCH | 4 EL ZUCKER | 5 EL MAISMEHL

FÜR DIE DEKORATION:
4 EL GERIEBENE PISTAZIEN | 4 EL FEINER ZUCKER

Das Maismehl mit einem Schneebesen sorgfältig mit wenig kalter Milch anrühren, dann die restliche Milch dazugeben und weiterrühren, bis keine Klümpchen mehr zu sehen sind. Mit Kardamom, Zucker und Rosenwasser in einem großen Topf unter Rühren langsam erhitzen, bis die Milch andickt. Den heißen Pudding sofort in vier kalt ausgespülte Dessertschüsselchen umfüllen, dünn mit Zucker bestreuen und mit den geriebenen Pistazien dekorieren. Abkühlen lassen, dann noch 1 Stunde in den Kühlschrank stellen.

Koriander

(Coriandrum sativum)

KORIANDER ist ein sehr altes Gewürz: ägyptische und Sanskritschriften erwähnen es schon, ebenso das Alte Testament. Bereits in den Gräbern der Pharaonen fanden sich Koriandersamen; Griechen und Römer würzten damit ihren Wein. Früchte („Samen") und Blätter des einjährigen Doldenblütlers besitzen völlig verschiedene Aromen: Angenehm würzig-nussig erfreuen die reifen Früchte Nase und Gaumen; einige Korianderfans sprechen auch von einem herben Orangenaroma. Als seifig indes oder gar nach verbranntem Gummi riechend empfindet manch einer die optisch an Petersilie erinnernden Blätter.

DIE KORIANDERPFLANZE GEHÖRT ZU DEN DOLDENBLÜTLERN.

Frische Korianderblätter (oftmals inzwischen als cilantro bezeichnet) haben aber eigentlich einen „grünen", zitrusartigen Geschmack. Sie vertragen weder Hitze noch Trocknung. Die Blüten („Saat") des frischen Korianders, so sagen manche, röchen nach Wanzen (griechisch: *kori*), daher auch sein Name im vermutlichen Herkunftsland Griechenland (*koriannon*). Im Deutschen wird Koriander ebenfalls mitunter Wanzenkraut genannt; zudem gibt es die Bezeichnungen Schwindelkraut und Hochzeitskügelchen (aufgrund der runden, gerippten Früchte und der weißen Blüten).

Wo auch die Wiege des Korianders gestanden haben mag, ob im östlichen Mittelmeer oder in Kleinasien – fest steht jedenfalls, dass die Pflanze einen hohen Gehalt an ätherischen Ölen wie Gerianiol und Cineol hat (die orientalische Variante weniger als die mitteleuropäische). Zudem ist Koriander reich an Vitamin A und C, wirkt beruhigend auf die Nerven, stärkt den Magen und regt die Darmmuskulatur an, indem es sie entkrampft. Im Mittelalter schwor man auch auf Koriander als Aphrodisiakum.

Korianderfrüchte sind ein übliches Gewürz in vielen Ländern Nordafrikas sowie des Nahen und des Fernen Ostens. Sie finden sich vor allem in Gewürzmischungen, etwa dem marokkanischen *ras el hanout*, dem *baharat* aus Saudiarabien oder der äthiopischen Mischung *berbere*. Als Einzelaroma passen sie aber auch gut zu Lamm, Ziege und Fischgerichten. Koriandergrün ist in der arabischen Welt weniger gebräuchlich; eine Ausnahme bildet die im Jemen allgegenwärtige Gewürzpaste *zhoug* (oder zhug).

Koriandersamen sind licht- und luftempfindlich. Zur Aufbewahrung der getrockneten Saat eignet sich daher am besten ein dunkles, dicht schließendes Glasgefäß. Kurz vor dem Gebrauch entnommen und sofort zerkleinert (am besten im Mörser), ist das Aroma der Koriandersamen am besten. Als Variante kann man die Körner trocken kurz in einer Pfanne erhitzen und dann zerstoßen (oder in einer elektrischen Gewürzmühle mahlen). Die Aufbewahrung von Koriander-Grün ist etwas schwieriger als jene der Saat; man kann es jedoch mit einem innen leicht angefeuchteten Gefrierbeutel versuchen, den man etwas aufbläst und dann gut verschließt.

Beim Trocknen verlieren Korianderblätter deutlich an Duft und Geschmack. Sie lassen sich aber gut einfrieren. Dazu das Kraut hacken und portionsweise mit etwas Wasser in Eiswürfelformen geben, welche man in einen wieder verschließbaren Plastikbeutel steckt. Mehrere Monate hält sich so das typische Aroma.

Zhoug

GEWÜRZPASTE AUS DEM JEMEN

Eine scharfe Gewürzpaste für Falafel oder Fleisch, aber auch zu Fisch und Salaten, eignet sich auch als Brotaufstrich.

ZUTATEN (FÜR EIN KLEINES GLAS)

5 FRISCHE GRÜNE ODER ROTE CHILISCHOTEN (Z.B. SIVRE BIBER IN TÜRKISCHEN GESCHÄFTEN) | 7 KNOBLAUCHZEHEN | 7 STÄNGEL PETERSILIE | 7 STÄNGEL KORIANDERGRÜN | 2 EL GEMAHLENER KREUZKÜMMEL | 2 EL OLIVENÖL | 2 EL ZITRONENSAFT | SALZ, PFEFFER

FRISCHE KORIANDERBLÄTTER UNTERSCHEIDEN SICH IM GESCHMACK DEUTLICH VON DEN FRÜCHTEN.

Die Chilischoten entkernen, kleinschneiden und zu einer groben Paste mörsern. Den Knoblauch schälen, fein hacken und ebenfalls im Mörser zerreiben.
Die Petersilie und den Koriander waschen, das Wasser abschütteln und mit einem Küchenkrepp trocknen. Die Blätter abzupfen, fein hacken und zu den Chilischoten geben.
Alle Zutaten in einem Mixer pürieren und in ein Schraubglas füllen.
Im Kühlschrank aufbewahrt, ist die Paste mehrere Monate haltbar.

Yakhnit el Samak El Harrah

LIBANESISCHER FISCHEINTOPF

ZUTATEN (FÜR 4 PERSONEN)

1 MITTELGROSSER FISCH (BARSCH, DORADE ETC.) | 1 TASSE OLIVENÖL | 1 TASSE ZWIEBELWÜRFEL | 8 KNOBLAUCHZEHEN | 1/4 TASSE FRISCHEN KORIANDER (ZERKLEINERT) | 1/4 TL ROTER PFEFFER | 1/4 TL KREUZKÜMMEL | 1/4 TASSE ZITRONENSAFT

Den Fisch ausnehmen, säubern und salzen. Für einige Zeit ruhen lassen. In Stücke schneiden und in dem Öl fünf Minuten leicht frittieren. Gräten auslösen, Haut und Kopf entfernen. Die Filets beiseite legen und die Fischreste (Gräten, Haut, Kopf) etwa dreißig Minuten in Wasser auskochen. Brühe durch ein Sieb abgießen und beseite stellen.
Knoblauch schälen und kleinschneiden, mit den gewürfelten Zwiebeln im Fischöl anbraten. Überschüssiges Öl abgiessen. Fischbrühe angießen, die gebratenen Fischstücke hinzugeben, anschließend Salz, Pfeffer, Kreuzkümmel und Koriander beifügen. Diese Mischung eine halbe Stunde auf kleiner Flamme einkochen lassen. Mit Salz und Zitronensaft abschmecken. Abkühlen lassen und kalt servieren.

Mermez

RAGOUT MIT FRISCHEN TOMATEN AUS TUNESIEN

ZUTATEN (FÜR 4 PERSONEN)

500 G KALBFLEISCH (GULASCH) | 500 G FRISCHE TOMATEN | CA. 20 KICHERERBSEN | 2 GRÜNE PAPRIKASCHOTEN | 4 ZWIEBELN | 4 ESSLÖFFEL OLIVENÖL | 1/2 EL HARISSA | 1/2 EL ROTER PFEFFER | 1/2 TL GEMAHLENER SCHWARZER PFEFFER | 1/2 TL GEMAHLENER KORIANDER | SALZ

Kichererbsen über Nacht einweichen. Tomaten überbrühen, häuten und pürieren, Paprikaschoten von Stielen und Kernen befreien, in lange Streifen schneiden, Zwiebeln in Ringe schneiden. Salz, schwarzen Pfeffer und Koriander auf einem Teller mischen. Das Fleisch sorgfältig von Fett und Sehnen befreien und in kleine Würfel schneiden.
Die Fleischwürfel in der Salzmischung auf dem Teller wälzen und in Öl anschmoren. Zunächst die Zwiebeln, dann roten Pfeffer, Harissa, Kichererbsen und Tomaten in die Pfanne geben. Mit Wasser ablöschen und ungefähr 1 Stunde lang kochen lassen. Dann die Paprikastreifen hinzufügen und noch einmal 15 Minuten kochen lassen. Mit Salz abschmecken und warm servieren.

Malfuf Mahshi

GEFÜLLTER KOHL AUS DEM LIBANON

Die libanesische Variante einer im ganzen Orient beliebten Vorspeise.

ZUTATEN (FÜR 8 PERSONEN)

* *

1 MITTELGROSSER KOHLKOPF | 400 G LAMM- ODER RINDERHACK | 1 TASSE GEWASCHENER REIS | 2 TASSEN GEKOCHTE, PASSIERTE TOMATEN | 3 EL GESCHMOLZENE BUTTER ODER OLIVENÖL | 4 EL GEHACKTE FRISCHE MINZE | 2 EL GEHACKTE FRISCHE KORIANDERBLÄTTCHEN | 1/2 EL PIMENT | 1 EL FRISCH GEMAHLENER SCHWARZER PFEFFER | 1/2 EL KREUZKÜMMEL | 2 TEELÖFFEL SALZ | 8 KNOBLAUCHZEHEN, GROB ZERDRÜCKT | 5 ZITRONEN (SAFT)

* *

Kohlkopf in kochendem Wasser kurz blanchieren, damit die einzelnen Blätter weich werden. Blätter vom Strunk lösen, dicke Adern ausschneiden, große Blätter halbieren. Eventuell innere Blätter nochmals einige Minuten kochen, bis sie weich sind. Abtropfen lassen und beiseite stellen. Adern ebenfalls aufheben. Für die Füllung Fleisch, Tomanten, Gewürze, Reis und 1 Teelöffel Salz mischen. Jedes Kohlblatt mit etwas Füllung bestreichen, zigarrenartig aufrollen, die Blattenden dabei einschlagen. In einer tiefen Pfanne die Kohladern auslegen, eine Lage der Kohlröllchen quer darauf schichten, so dass die Röllchen nicht den Topfboden berühren. Weitere Lagen darüber. Jeweils mit Salz bestreuen, Knoblauchzehen dazwischen legen, etwas Fett darüber geben. Die Röllchen sollten eng aneinander liegen. Mit einem Teller bedecken und beschweren. Genügend Wasser angiessen und gut eine Stunde bei mittlerer Hitze köcheln. Zitronensaft zugeben und weitere 10 Minuten köcheln. Anstelle der Tomaten kann man auch nur eine Tasse fein gehackter Zwiebel verwenden und bei den Gewürzen Kreuzkümmel ersetzen durch Baharat (2 Teelöffel) in Kombination mit Zimt (1/2 Teelöffel).

KOHLRÖLLCHEN ERFORDERN LIEBEVOLLE HANDARBEIT.

AROMATISCHES OLIVENÖL PRÄGT DEN GESCHMACK VIELER ORIENTALISCHER SPEISEN.

Bourek

GEFÜLLTE BLÄTTERTEIGROLLEN AUS ALGERIEN

ZUTATEN (FÜR VIER PERSONEN)

BLÄTTERTEIGBLÄTTER (YUFKA-TEIG ODER FILOTEIG) | 500 GRAMM LAMM- ODER RINDERHACK (AUCH GEMISCHT) | 1/2 TASSE KORIANDERBLÄTTER | 1 KNOBLAUCHZEHE, FEIN GEHACKT | 1 TL KREUZKÜMMEL | 1 TL PAPRIKA | 3 LORBEERBLÄTTER | 3-4 GEWÜRZNELKEN | 2 EL OLIVENÖL | 1/2 TL. SALZ | 1 EIWEISS

Das Hackfleisch mit Salz, Gewürznelken, Lorbeerblätter und Öl in 2 bis 3 Tassen Wasser gar kochen, Lorbeerblätter und Nelken entfernen. Knoblauch fein hacken. Das Fleisch in ein Stahlsieb abgießen und abtropfen lassen, mit Koriander, Knoblauch, Kreuzkümmel und Paprika gut vermischen. Zwei Esslöffel der Füllung auf ein angefeuchtetes Blätterteigblatt streichen, etwa zwei Fingerbreit vom Rand entfernt. Den äußeren Rand über die Füllung schlagen und den Teig mit der Füllung zu einer „Zigarre“ von 10 bis 15 Zentimeter Länge rollen. Das äußere Ende wird mit Eiweiß festgeklebt. Die Rollen in einer Pfanne braten, bis sie schön goldbraun sind.

BLÄTTERTEIGROLLEN GIBT ES MIT HACKFLEISCH WIE AUCH MIT KÄSE GEFÜLLT, GEBRATEN WIE FRITTIERT.

Kreuzkümmel

(Cuminum cyminum)

In Äthiopien oder im östlichen Mittelmeergebiet vermuten Forscher den Ursprung dieses Doldenblütengewächses, das seinen Namen dem kreuzförmigen Blattstand der Pflanze verdankt und dem sehr an Kümmel gemahnenden Aussehen der getrockneten Früchte.

In den Schriften des griechischen Arztes Disocurides, der unter den Kaisern Claudius und Nero in römischen Diensten stand, ist jedenfalls bereits zu lesen, dass die besten Sorten des *cuminum* „aus Äthiopien und Ägypten" stammten.

Sowohl als Gewürz als auch als Heilpflanze erfreute sich der KREUZKÜMMEL bei den antiken Völkern großer Beliebtheit. Die alten Römer verwendeten ihn anstelle von Pfeffer und als gemahlene Paste zum Brotaufstrich; wie den Griechen galt er ihnen zudem als Medizin gegen blasse Haut, bei Magen- und Darmleiden, Appetitlosigkeit, Fieber, Leberschwäche sowie bei Erkrankungen der oberen Atemwege (die Samen ein paar Minuten kauen!). Auch blutreinigende, antibakterielle, krampflösende und beruhigende Wirkung wird dem Kreuzkümmel nachgesagt; im antiken Ägypten wurde er sogar zur Behandlung von Lungenkrankheiten eingesetzt. In Europa wurde Kreuzkümmel seit den Zeiten Karls des Großen in den Klostergärten angepflanzt und fast ausschließlich medizinisch genutzt. Bezeichnungen wie „Römischer Kümmel", „Welscher Kümmel", „Türkischer Kümmel" oder „Ägyptischer Kümmel" weisen darauf hin, dass man ihn im Norden als fremdes Gewächs aus dem Süden ansah. In Deutschland nennt man den Kreuzkümmel inzwischen häufig Kumin, nach seinem französischen Namen.

DIE KUMIN-PFLANZE WIRD BIS ZU 30 ZENTIMETER HOCH.

Die nur bis zu 30 Zentimer hohe, kriechende Kumin-Pflanze hat weiße bis lilafarbene Blüten, aus denen sich die Früchte entwickeln. Ihr intensiver, unverwechselbarer Geschmack rührt von dem ätherischen Öl Cuminal her. Er verliert seine Intensität indes deutlich durch die Hitze beim Braten oder Kochen. Im Handel erhältlich ist in der Regel der so genannte weiße Kreuzkümmel; er hat ein schweres, süßsäuerliches Aroma, sein Geschmack ist etwas bitter, scharf und warm. Eher selten findet man den schwarzen Kreuzkümmel. Er ist eine Wildpflanze (zum Beispiel im Iran), riecht erdiger und ist weniger bitter.

In seiner kulinarischen Bedeutung schätzt man den (weißen) Kreuzkümmel heute vor allem in Indien sowie in den Ländern Nordafrikas, wo inzwischen auch die wichtigsten Anbaugebiete liegen. Die Küche des Nahen Ostens und der Türkei setzt ebenfalls reichlich Kumin ein, häufig in Kombination mit Koriander. Die türkische Dauerwurst *sucuk* aus Rind- oder Kalbfleisch und Lamm etwa wird mit Salz, Pfeffer, Cayennepfeffer, Kreuzkümmel, Knoblauch und weiteren Zutaten scharf gewürzt. Luftgetrocknet und zum Teil auch geräuchert wird sie üblicherweise in Scheiben geschnitten und im eigenen Fett gebraten, gerne zum Frühstück mit Eiern, Fladenbrot und Tee. Das als kalte Vorspeise servierte türkische Rinderfilet *pastırma* bedarf ebenfalls unbedingt des Kreuzkümmels: Zu den luftgetrockneten, dünn geschnittenen Fleischscheiben (sie sollten innen möglichst noch leicht rosa sein) serviert man *çemen* (oder: *chaman*), eine Paste aus gemahlenem Kreuzkümmel, Bockshornklee, Knoblauch, Tomatenmark, Paprikapulver, Nelken, Salz und Zimt.

Ein typisches Gericht mit intensivem Kreuzkümmelaroma ist Falafel. Kreuzkümmel passt aber auch bestens zu Lamm, Hammel oder Geflügelfleisch und zu Couscousgerichten. Aufgrund seines kräftigen Eigengeschmacks sollte man Kumin aber mit Vorsicht dosieren.

Wie die meisten Gewürze verliert Kreuzkümmel in gemahlenem Zustand sehr schnell sein Aroma und seine Wirkung. Er sollte also immer frisch gemahlen werden. Um den Geschmack zu intensivieren, kann man die Samen vor dem Mahlen kurz in der heißen Pfanne anrösten.

Mutabal

AUBERGINENCREME

Die unentbehrliche Stütze jeder Mezze-Platte, wie sie in Syrien zubereitet wird.

1 GROSSE AUBERGINE (ETWA. 500 G) | 1 KLEINE KNOBLAUCHZEHE | 4 EL (ETWA 70 G) SESAMBUTTER, ERSATZWEISE SESAMPASTE (TAHINI) | 150 G JOGHURT, 3,5 % FETT (ES GEHT AUCH OHNE JOGHURT) | SAFT EINER HALBEN ZITRONE ODER LIMONE | SALZ | KREUZKÜMMEL

Die Aubergine einmal längs von der Spitze bis kurz vor das Ende einschneiden. Mit dem Schnitt nach oben im Ofen bei ca. 230 Grad so lange backen, bis die Schale eine braune bis schwarze Färbung angenommen hat, etwa. 45 Minuten.
Danach das Auberginenfruchtfleisch mit einem scharfen Löffel auslösen und in einen Mixer geben (besser noch: mit einem Pürierstab verarbeiten). Die Knoblauchzehe schälen und durch die Presse mit allen anderen Zutaten zu der Aubergine geben. Das ganze ca. 1 bis 2 Minuten mixen, bis ein glattes Püree entstanden ist. Zu frischem, warmem Fladenbrot servieren.

Marokkanische Möhren

ZUTATEN FÜR 4 BIS 6 PERSONEN

250G MÖHREN | 1 EL OLIVENÖL | 1 TL BRAUNER ZUCKER | 1/2 ZIMTSTANGE ODER 1/3 TL GEMAHLENER ZIMT | 1/4 TL GEMAHLENER KREUZKÜMMEL | 1 ORANGE | 2 1/2 EL ROSINEN ODER KORINTHEN, DIE IN HEISSEM WASSER EINGEWEICHT WURDEN (FLÜSSIGKEIT AUFHEBEN) | SALZ, PFEFFER NACH BELIEBEN | FRISCH GEMAHLENER SCHWARZER PFEFFER | GEHACKTE PETERSILIE ODER MINZE

Orange auspressen, Möhren putzen und in Streifen schneiden. Das Olivenöl in einem Topf langsam erhitzen. Zucker, Gewürze und Möhrenstreifen dazu geben und das Ganze bei niedriger Hitze unter ständigem Rühren einige Minuten köcheln. Nun den Orangensaft und die Rosinen oder Korinthen hinzugeben, sowie etwas von dem Einweichwasser der Korinthen.
Das Ganze zum Kochen bringen, dann bei schwacher Hitze zugedeckt so lange köcheln lassen, bis die Möhren weich und zart sind. Nochmals mit den Gewürzen abschmecken und mit etwas gehackter Petersilie oder Minze dekorieren.
Schmeckt auch kalt als kleine Vorspeise.

Humous

KICHERERBSENPASTE

ZUTATEN

1/4 TASSE SESAMPASTE (TAHINI) | 1/3 TASSE ZITRONENSAFT | 1–2 KNOBLAUCHZEHEN, GEHACKT | 3/4 TASSE GETROCKNETE KICHERERBSEN | 1/2 TL SALZ | 1/2 TL KREUZKÜMMEL | SCHWARZER PFEFFER | OLIVENÖL | PETERSILIE

Kichererbsen über Nacht einweichen, das Einweichwasser wegschütten, die Kichererbsen in frischem Wasser etwa 1 Stunde lang gar kochen. Noch warm in einer Schüssel mit Knoblauch, Kreuzkümmel, etwas Olivenöl und Zitronensaft zerdrücken oder im Mixer pürieren. Humous in eine Schüssel geben, mit etwas Olivenöl beträufeln, mit Petersilie garnieren.

Auch für Humous existiert eine Vielzahl von Rezeptvarianten; statt Sesampaste etwa lässt sich zum Binden auch Joghurt verwenden, und in der Türkei streut man gern *kirmizi biber* (Paprikaflocken) zur Dekoration auf die Kichererbsenpaste. Wie Mutabel ist Humous unentbehrlicher Bestandteil einer orientalischen Vorspeisenplatte.

Harissa

SCHARFE NORDAFRIKANISCHE GEWÜRZPASTE

Diese Würzpaste stammt ursprünglich aus Tunesien, in Marokko entspricht ihr Sahka. Es gibt viele Rezeptvarianten; die tunesische gilt als die schärfste. Mitunter werden zusätzlich zu den Chilischoten über dem Feuer getrocknete oder geröstete Paprikaschoten mit verarbeitet; das gibt der Harissa einen rauchigen Geschmack.
Mit Harissa lassen sich sehr gut Gemüsegerichte und Eintöpfe „schärfen"; die Paste wird überdies zu Couscous gereicht und mit Tomaten angereichert oft zu gegrilltem Fleisch oder Merguez (Lammwurst) angeboten. In einem dunklen Schraubglas hält sich Harissa mehrere Wochen.

200 G CHILISCHOTEN (GETROCKNET) | 4 KNOBLAUCHZEHEN, GESCHÄLT | 4 TL KREUZKÜMMEL | 1 TL KORIANDERSAMEN | GROBKÖRNIGES SALZ | OLIVENÖL

Stiele und Samen der Schoten entfernen, die Schoten eventuell in etwas Wasser quellen lassen. Koriandersaat im Mörser zerstoßen, mit Kreuzkümmel mischen, Knoblauch und Salz hinzufügen, die Chilischoten hinzugeben und alles zu einer Paste stampfen. Olivenöl zugeben, bis eine geschmeidige Masse entstanden ist.

نعناع
Menthe
1.500
زقوقو
5.500
عدس
1.500
1.950
فلفل أكحل
Poivre Noir
7.800

Ful Medamis

ÄGYPTISCHES BOHNENGERICHT

Ful Medamis ist das Nationalgericht Ägyptens; es gilt traditionell als Frühstücksspeise. Die Rezeptvarianten sind vielzählig; mal mit, mal ohne Linsen, mal mit Tomaten oder Tomatenmark, mal mit Reis. Auch in anderen arabischen Ländern kennt man Ful, im Jemen etwa. Um dem Zeitmangel der Moderne Rechnung zu tragen, lassen sich auch vorgekochte Bohnen mit den Gewürzen und dem Saft einer Zitrone erhitzen … Eingeweihte schwören allerdings auf die Viel-Stunden-Version. Wer Ful nicht zum Frühstück essen möchte, kann es etwa in eine orientalische Vorspeisenplatte integrieren – zusammen mit Humous, Mutabel und vielleicht gefüllten Weinblättern.

ZUTATEN (FÜR 4 PERSONEN)

2 TASSEN GETROCKNETE KLEINE DICKE BOHNEN | 1/2 TASSE ROTE LINSEN | 3 KNOBLAUCHZEHEN | 1/2 TEELÖFFEL KREUZKÜMMEL | SALZ, PFEFFER | 1-1,5 EL OLIVENÖL | 1 ZITRONE | 1/2 BUND GEHACKTE PETERSILIE

Die Bohnen waschen und über Nacht einweichen. Zusammen mit den Linsen bei schwacher Hitze etwa 6 Stunden köcheln lassen. Ab und zu kontrollieren, ob noch genügend Wasser vorhanden ist, und gegebenenfalls etwas zufügen. Am Ende der Garzeit sollte das gesamte Wasser von den Bohnen aufgesogen sein. Fein gehackten Knoblauch, Salz, Pfeffer und Kreuzkümmel zugeben, umrühren und noch etwas durchziehen lassen.
Zum Servieren in eine Schüssel geben und mit reichlich Petersilie bestreuen. Dazu werden Olivenöl und die in Spalten geschnittene Zitrone gereicht.

VORHERIGE DOPPELSEITE
LINKS
ROTE LINSEN GEBEN DEM FUL SEINE BREIIGE KONSISTENZ.

RECHTS
AUBERGINENCREME SCHMECKT KÖSTLICH AUF WARMEM FLADENBROT.

DIESE SEITE
IN EINEM SCHATTIGEN INNENHOF KÜHLT EIN WASSERBECKEN.

Kurkuma

(Curcuma longa)

Obwohl er ähnliche Färbeeigenschaften besitzt wie Safran und mitunter auch als Indischer Safran bezeichnet wird, zählt KURKUMA nicht zur Familie der Schwertliliengewächse, sondern zu den Ingwergewächsen. Der manchmal noch gebräuchliche Name Gelber Ingwer verweist auf diese botanische Kategorie und darauf, dass bei Kurkuma wie bei Ingwer die Wurzel das Gewürz liefert. Ähnliches gilt für die Bezeichnung Gelbwurz. Im Arabischen heißt das Gewürz ebenfalls „gelbe Wurzel“: *uqdah safra*. Gebräuchlich ist allerdings *al-kurkum*, das ursprünglich „Safran“ bedeutete, heute aber nur mehr auf Kurkuma angewendet wird.

DIE KURKUMA-PFLANZE ERINNERT AN EINE LILIE.

Wie Safran färbt Kurkuma also die Speisen gelb, doch ist sein Farbstoff Curcumin anders als der des Safran nicht in Wasser löslich, sondern nur in Fetten und Alkohol. Wo genau Kurkuma heimisch ist, lässt sich nicht mit hundertprozentiger Genauigkeit sagen; Wissenschaftler vermuten Süd- bzw. Südostasien. Inzwischen ist die bereits vor mehr als 4000 Jahren gehandelte Würz- und Heilpflanze (ein Sud aus ihr gilt als hilfreich bei Magen- und Nierenerkrankungen) auch in tropischen Gegenden verbreitet. Der größte Teil der weltweiten Produktion entfällt auf Indien; über indische Einflüsse gelangte Kurkuma in die Küche Äthiopiens und der arabischen Welt.

Die Kurkuma-Pflanze kann bis zu 2,5 Meter hoch werden und hat sehr große, breite, lanzettförmige Blätter. Die Blüte ist gelb und lilienartig, der knollige Wurzelstock erinnert an Ingwer, ist aber schmaler und runder, außen dunkler gefärbt (rötlich-braun) und innen leuchtend gelborange.

Kurkuma kann frisch oder getrocknet verwendet werden, ganz oder gemahlen. Vor dem mehrwöchigen Trocknen in der Sonne werden die Wurzelstöcke kurz überbrüht. Nachdem die Haut entfernt wurde, erinnern die trockenen Kurkuma-Wurzeln schließlich an kleine Aststücke mit pudriger Oberfläche.

Im Orient wird Kurkuma in der Regel ganz verkauft, er verliert jedoch durch das Mahlen kaum an Aroma. Frisch riecht der Wurzelstock ähnlich wie Ingwer, ist aber im Aroma kräftiger. Er schmeckt herb, harzig und leicht brennend. Getrocknet entwickelt die Knolle ein würziges Aroma. Bei längerer Lagerzeit wechselt es in Richtung muffig, erdig. Die getrocknete Wurzel sollte daher wie das Pulver dunkel, luftdicht und trocken aufbewahrt werden; so hält sich auch die gelbe Farbe. Frisch lässt sich der Wurzelstock mehrere Wochen im Gemüsefach lagern.

Mit Kurkuma lässt sich Reis färben, er passt gut zu Geflügel und Fisch, aber auch zu Fleisch, Eier- und Süßspeisen, Innereien und Meeresfrüchten. Mitunter wird der frische, junge Wurzelstock sogar als Gemüse gekocht – ähnlich wie die nah verwandte Zitwer-Pflanze, der so genannte weiße Kurkuma (Curcuma zedoaria).

Die starke Färbekraft von Kurkuma bedingt in der Küche meist auch die Verunreinigung von Arbeitsgerät. Vor allem Polypropylen-Schneidbrettern lassen sich oft mit Wasser und Bürste nicht ausreichend von dem Gelbschleier reinigen. Man sollte sich darüber aber nicht zu sehr ärgern, sondern das Brett einfach dem direkten Sonnenlicht aussetzen: Da der Farbstoff des Kurkuma nicht lichtecht ist, verblasst er nach nur einer Stunde dort gänzlich.

Harira

ALGERISCHE LINSENSUPPE

Harira ist die typische Suppe des Maghreb (vor allem Marokkos und Algeriens) für den Fastenmonat Ramadan. Sie wird traditionell nach Sonnenuntergang zum Fastenbrechen gereicht und oft serviert mit hart gekochten Eiern, Datteln, getrockneten Feigen und hausgemachtem Gebäck. Auch am Morgen nach dem Hochzeitsfest gibt es oft eine Schale Harira oder zu anderen Feierlichkeiten. Inzwischen gehört die nahrhafte Suppe aber auch vielerorts zum Alltag.

ZUTATEN (FÜR 4 PERSONEN)

50 G GETROCKNETE KICHERERBSEN, ÜBER NACHT EINGEWEICHT | 250 G LAMMFLEISCH (SCHULTER ODER KEULE) | 1 GEMÜSEZWIEBEL | 50 G GETROCKNETE GELBE LINSEN (BRAUCHEN NICHT EINGEWEICHT ZU WERDEN) | 1/2 TL KURKUMA, GEMAHLEN | 1/4 TL ZIMT, GEMAHLEN | 1/4 TL INGWER, GEMAHLEN | 6 FÄDEN SAFRAN | PFEFFER AUS DER MÜHLE | 1 TL PAPRIKAPULVER, EDELSÜSS | SALZ | 2 EL ÖL ODER BUTTERSCHMALZ | 50 G PATNAREIS | 1/2 BUND GLATTE PETERSILIE | 4 STÄNGEL FRISCHER KORIANDER | 2 GROSSE TOMATEN | 1 ZITRONE

Die Kichererbsen über Nacht einweichen lassen, mit frischem Wasser bedeckt weichkochen (1 ½ bis 2 Stunden) oder vorgekochte verwenden. Die Zwiebel häuten und fein hacken, die Linsen waschen, Kräuter hacken, Tomaten überbrühen, häuten und in Würfel schneiden.
Lammfleisch in kleine Würfel schneiden, in einen Suppentopf geben. Linsen waschen und mit der gehackten Zwiebel zum Fleisch geben. Die Gewürze, 1 Teelöffel Salz, 1 Esslöffel Butterschmalz und 1,5 Liter Wasser hinzufügen, aufkochen und zugedeckt bei schwacher Hitze 1 ½ Stunden kochen.
Den Reis waschen, abgetropft mit 1 Esslöffel Butterschmalz und 0,5 Liter Wasser in einen Topf geben. Bei schwacher Hitze zugedeckt 20 bis 25 Minuten garen, abgießen und die Flüssigkeit auffangen. Die Kichererbsen abgießen, abtropfen lassen und mit dem Reis in die Suppe geben.

DATTELN REICHT MAN BEISPIELSWEISE ZUR RAMADAN-SUPPE HARIRA.

Die Kräuter hacken (ein wenig Petersilie zurückbehalten), Tomaten häuten, würfeln und in 1 Tasse des Reiswassers zum Kochen bringen. Safranfäden hinzugeben, etwa 5 Minuten bei schwacher Hitze köcheln lassen. Alles zur Suppe geben und diese 5 bis 10 Minuten köcheln. Mit Salz abschmecken. Die einzelnen Portionen mit Petersilie dekorieren und ein Zitronenviertel dazu reichen.

140
130
80
120
60

Machboos Al Laham

LAMM MIT REIS AUS KUWAIT

Machboos ist das Nationalgericht der Kuwaitis, es existiert in vielerlei Varianten. Unser Rezept kann zum Beispiel noch durch eine halbe Tasse Sultaninen oder Rosinen ergänzt werden, die zusammen mit einigen Cashew-Kernen in einer Pfanne mit Butterschmalz leicht angebraten und über den Reis gegeben werden.

ZUTATEN (FÜR 4 PERSONEN)

* *

500 G FRISCHES LAMMFLEISCH (SCHULTER ODER BEIN, IN GROSSEN STÜCKEN) | 2 GROSSE ZWIEBELN | 4 TOMATEN, GEHÄUTET UND IN WÜRFEL GESCHNITTEN | 2 TASSEN REIS (BASMATI) | 1 EL BAHARAT | 1 TL KURKUMA | 1 GETROCKENETE LIMONE (ARABISCH: LOOMI ODER LUMI, IM PERSISCHEN LADEN ALS LIMO AMANI), ALTERNATIV ABGERIEBENE SCHALE EINER UNBEHANDELTEN ZITRONE | 1 ZITRONE (SAFT) | 1 ZIMTSTANGE | 6 KARDAMOMKAPSELN | 4 PFEFFERKÖRNER | 2 NELKEN | EINIGE SAFRANFÄDEN | ETWAS ROSENWASSER | EIN PAAR SAFRANFÄDEN | 4 TL GEHACKTE PETERSILIE ODER KORIANDER | ÖL

* *

Kardamomkapseln leicht andrücken, bis sie sich öffnen. Safranfäden in Rosenwasser einweichen.
Zwiebeln würfeln und in Öl glasig dünsten. In die getrocknete Limone einige Löcher stechen und sie mit Baharat und Kurkuma zu der Zwiebel geben, leicht anschwitzen. Das Fleisch hinzugeben und ebenfalls ringsum anbraten. Tomaten und Zitronensaft hinzugeben und kurz mitschmoren. Mit 2 bis 3 Tassen Wasser ablöschen, Salz, Zimtstange, Nelken, Pfefferkörner und Kardamom zugeben. Bei schwacher Hitze etwa 45 Minuten köcheln lassen.
In der Zwischenzeit den Reis waschen. Wenn das Fleisch gegart ist, den Reis und die Petersilie hinzugeben. Auf kleinster Flamme 20 bis 30 Minuten ziehen lassen, bis der Reis die ganze Flüssigkeit aufgenommen hat und gar ist. Das Rosenwasser über den Reis geben und zugedeckt nochmals etwa 10 Minuten ziehen lassen. Vor dem Servieren die Kardamomkapseln und die getrocknete Limone entfernen.

AASCH E RESCHTEH

Aasch e Reschteh

PERSISCHE KRÄUTERNUDELN

ZUTATEN (FÜR 6 PERSONEN)

* *

250 G KICHERERBSEN | 250 G WEISSE BOHNEN | 100 G LINSEN | 60 G AASCH-TROCKEN-KRÄUTERMISCHUNG (AUS DEM PERSISCHEN LEBENSMITTELLADEN ODER: 40 G SCHNITTLAUCH, 40 G PETERSILIE, 40 G SPINAT, 30 G DILL, 30 G KORIANDER) | 400 G RESCHTEH (PERSISCHE NUDELN, LANG, MIT QUADRATISCHEM QUERSCHNITT, ERSATZWEISE ANDERE NUDELN AUS HARTWEIZENGRIESS) | 250 G KASCHK (GETROCKNETER JOGHURT, IN PERSISCHEN LEBENSMITTELGESCHÄFTEN ERHÄLTLICH), MIT ETWAS WASSER ANGERÜHRT

FÜR DIE FLEISCHSOSSE:
3–4 KNOBLAUCHZEHEN | 250 G RINDERHACK | 2 ZWIEBELN | 4 EL. GETROCKNETE NANAMINZE | 1 EL TOMATENMARK | 1/2 TL. CURRY | 1/2 TL. KURKUMA | PFEFFER, SALZ | OLIVENÖL | EVENTUELL: RÖSTZWIEBELN ZUM GARNIEREN

* *

Kichererbsen, Linsen und weiße Bohnen am Vortag in Wasser einweichen. Abgießen, mit frischem Wasser in einem großen Topf ansetzen und die Aasch-Kräuter zufügen. Kurz aufkochen. Bei geringer Hitze dann etwa 2 Stunden im geschlossenen Topf ziehen lassen, bis die Hülsenfrüchte gar, aber noch bissfest sind. Dabei von Zeit zu Zeit umrühren, eventuell Wasser nachgießen. Dann die Hälfte des verdünnten Kaschk und die Reschteh hinzugeben, salzen, pfeffern und alles kräftig mischen. Den Bohnen-Nudel-Eintopf bei geringer Hitze noch 30 Minuten unter ständigem Rühren ziehen lassen.
Für die Fleischsoße Knoblauchzehen und Zwiebeln sehr fein hacken; in etwas Öl glasig schmoren, dann das Rinderhack zugeben und scharf anbraten. Mit Curry, Kurkuma, Salz und Pfeffer würzen. Auf mittlerer Hitze weiter garen, die Nanaminze untermischen und ebenfalls leicht anbraten lassen. Zum Schluss Tomatenmark zugegeben, alles gut durchrühren und nach Zugabe einer halben Tasse Wasser nochmals 5 Minuten kochen.
Zum Servieren die Kräuternudeln in tiefe Teller geben und die Fleischsoße darüber verteilen. Jede Portion mit 1 bis 2 Esslöffeln vom verdünnten Kaschk garnieren.

Mahlab
(Prunus mahaleb)

Die fein gemahlenen Kerne der zur Familie der Rosengewächse zählenden Felsenkirsche oder Steinweichsel (Prunus mahaleb) ergeben dieses seit langem in der arabischen Küche bekannte Gewürz. Es hat einen subtilen, süßsauren, nussigen Geschmack, der an Tonkabohnen oder Bittermandeln erinnert, und wird hauptsächlich zum Aromatisieren von Brot und Gebäck jeder Art genutzt. Auch Süßspeisen wird es mitunter zugesetzt. Vor allem in der Türkei und in Syrien, welches das Hauptexportland für Mahlabkerne ist, aber auch im Libanon schätzt man das recht fetthaltige Pulver seit mehreren hundert Jahren.

DIE FELSENKIRSCHE WÄCHST AUCH IN GRIECHENLAND.

Benannt ist es nach dem Keimling, dem winzigen tropfenförmigen, hellbeigen, weichen Inneren des Steinweichsel-Kerns. Gängig sind dabei neben dem Namen MAHLAB im Arabischen auch die Bezeichnungen bzw. Schreibweisen mahalab, mahleb und mahaleb. Im Türkischen spricht man von *mahlep* oder *mahalep*, im griechischen Spezialitätenladen kann man nach *machlepi* fragen.

Die Felsenkirsche ist über Westasien weit verbreitet, findet sich aber auch vereinzelt an warmen Standorten in Mittel- und Osteuropa, etwa in Griechenland. Sie wächst in lichten Wäldern und Gebüschen sowie an steinigen Hängen oder auf felsigem Untergrund als bis zu sechs Meter hoher Baum. Dessen Blätter sind rundlich mit aufgesetzter Spitze, die Blüten weiß; sie stehen in aufrechten Trauben. Aus ihnen entwickeln sich kugelige, schwarze glänzende Früchte. Sie haben wenig Fleisch, sind daher arm an Saft und schmecken bitter. Wegen ihrer Unempfindlichkeit gegen Schädlinge (möglicherweise aufgrund der Härte des Holzes oder auch seines Cumarin-Gehaltes, der es für die menschliche Nase angenehm aromatisch riechen lässt) werden Mahaleb-Kirschen oft als Stock für veredelte Sorten eingesetzt.

Das Mahlab-Pulver ist aufgrund seines hohen Fettgehaltes nicht sehr lange haltbar; wenn möglich sollte man daher ganze Felsenkirschenkerne kaufen. Eine gute Adresse für Pulver wie Kerne sind türkische, griechische oder arabische Lebensmittelgeschäfte. Als Ersatz kann eine sparsam verwendete Mischung aus Tonkabohnen und etwas Bittermandeln dienen.

Mamoul

GEFÜLLTE GRIESSPLÄTZCHEN

400 G UNGESALZENE BUTTER | 120 G PUDERZUCKER | 50 G MEHL | 1 KG GRIESS | MUSKATNUSS | 1/2 TL MAHLAB | 1/2 TASSE MILCH | 1 TL TROCKENHEFE

FÜR DIE FÜLLUNG:
1,5 EL ORANGEN- UND/ODER ROSENBLÜTENWASSER | 500 G KLEIN GEHACKTE WALNÜSSE | 50 G ZUCKER

Butter in einem Topf schmelzen, abkühlen lassen. Grieß, Mehl, Puderzucker und Gewürze in eine Schüssel geben und mit der geschmolzenen Butter übergießen. Alles gut vermischen, mindestens 1 Stunde ruhen lassen.
Eine Vertiefung in die Mitte des Teigs drücken, ½ Tasse Milch und Trockenhefe hineingeben, unterkneten. Den Teig mit einem Tuch bedecken und etwa 1 Stunde an einem warmen Ort ruhen lassen. Er muss sich formen lassen, ohne auseinander zu brechen. Kleine Bällchen aus der Teigmasse rollen, diese nochmals gut kneten.
Für die Füllung die gehackten Walnusskerne mit Rosen- und Orangenblütenwasser und dem Zucker vermischen. Bällchen aushöhlen wie eine winzige Schüssel, so dass nur eine dünne Teigwand übrig bleibt (geht gut mit einem Teelöffel). Die Füllung hineingeben und mit Teig schließen. Die Bällchen in kleine runde Holzmodel (Buttermodel) oder Pralinenformen drücken (es gibt spezielle Mamoul-Model, sie werden mit Olivenöl gefettet), auf ein Backblech stürzen. Wer keine Model hat, kann auch die handgeformten Kugeln auf das Backblech setzen. Bei 200 Grad auf mittlerer Schienen backen, bis sie goldbraun sind (20 bis 25 Minuten). Noch warm mit Puderzucker bestreuen.
Die Teigbällchen lassen sich auch mit klein geschnittenen, in Butter leicht angebratenen – und so fast zu Mus gewordenen – Honig-Datteln (ca. 250 g), die mit Orangenwasser getränkt werden, füllen. Auch grob gemahlene, ungesalzene Pistazien anstelle von Walnüssen eignen sich als Füllung.
Mamoul halten sich in einem geschlossenen Behälter gut einige Wochen.

Libanesisches Bratbrot

Dieses Gebäck wird traditionell zum Fest der Epiphanie, am 6. Januar, gegessen.

1 TASSE WARMES WASSER | 1 EL OLIVENÖL | 4 TASSEN DINKELMEHL ODER MEHL AUS KAMUT (EINER ALTEN ÄGYPTISCHEN GETREIDESORTE) | 1 TL MAHLAB, GEMAHLEN | 1 TL MEERSALZ | 1 1/2 TL TROCKENHEFE | REICHLICH OLIVENÖL ZUM FRITTIEREN, FRUCHTZUCKER

Für den Brotteig Mehl, Mahlab, Salz und Trockenhefe vermischen, Wasser und Öl dazugeben, gut verkneten bis die Masse eine geschmeidige Konsistenz hat. Den Teig etwa. 1 Stunde ruhen lassen, bis er etwa auf das doppelte Volumen aufgegangen ist.
Den Teig dann auf einem bemehlten Tuch etwa einen halben Zentimeter dünn ausrollen und in schmale Rechtecke schneiden (etwa 5 x 15 Zentimeter). In einer tiefen Pfanne ausreichend Olivenöl erhitzen (mindestens zwei Finger hoch), und die Teigstreifen darin goldbraun frittieren. Noch warm mit Fruchtzucker bestreuen.

Minze

(Menta)

Spricht man im Orient von **MINZE**, ist aus der großen Familie dieser Lippenblütler in der Regel die Pfefferminze (Mentha piperita L.) gemeint, respektive ihre Variante Nana (Mentha piperita var. Nana). Verwendet wird aber auch die Krause Minze oder auch Grüne Minze oder Spitzminze (mentha spicata), von der es die botanischen Varianten crispa (mitunter auch als Persische Minze bezeichnet) und crispa Marokko gibt. Beide werden meist auch als Nana-Minze bezeichnet – wobei *nana* (arab.) oder *nane* (türk.) schlicht Minze bedeutet. Und beide enthalten, anders als die „echte" Pfefferminze, kaum Menthol. Ihr Aroma hat vielmehr eine leichte Kümmelnote. Grüne Minze ist daher geschmacklich besser zum Kochen geeignet als die Pfefferminze.

DIE VIELEN VERSCHIEDENEN MINZE-ARTEN BIETEN GANZ UNTERSCHIEDLICHE AROMEN.

Um die Minze im Allgemeinen ranken sich zahlreiche Sagen und Legenden. So heißt es in der arabischen Welt, die Krause Minze verhelfe ihrem Besitzer zu unermesslichem Reichtum.

Einer römischen Sage nach war Minthe eine Geliebte von Pluto, des Gottes der Unterwelt. Als seine Frau eifersüchtig wurde verwandelte er Minthe in eine duftende Pflanze, die Minze.

Schon im 17. Jahrhundert war weltweit ein gutes Dutzend Minze-Arten bekannt, und bereits im alten Griechenland wird minthe erwähnt. In Nordafrika am weitesten verbreitet ist heute die Marokkanische Minze; zum einen natürlich als Basis für den allgegenwärtigen Minztee in Marokko und Tunesien, aber auch als Gewürzkraut für zahlreiche Speisen, insbesondere Salate. Die blasslila blühende Pflanze hat lindgrüne, spitzovale, raue Blätter. In Büscheln aufgehängt wird sie oft auch zur Insektenabwehr eingesetzt.

Die Nane-Minze ähnelt im Aussehen der Marokkanischen Minze und spielt in Vorderasien auch etwa die gleiche Rolle wie die Marokkanische Minze in Nordafrika. Sie wird gern in Schwarzem Tee getrunken, viele Speisen werden mit ihr gewürzt, und sie ist Bestandteil der Joghurtgetränke Ayran und Dugh. In ganz Westasien würzt man gegrilltes Lammfleisch (*kabab*) gerne mit Nane-Minze; in der iranischen und persischen Küche kennt man sehr raffinierte Rezepte mit echter Pfefferminze. Diese ist übrigens eine in England erzielte Kreuzung aus der Wasserminze (M. aquatica) und der Grünen Minze (Spitzminze, M. spicata). Sie wächst gelegentlich wild in Mittel- und Südeuropa, ihr Wert wurde aber wohl zuerst in England erkannt, von wo aus sich der Anbau auf den europäischen Kontinent und Nordafrika (heute ein Hauptanbaugebiet) ausbreitete.

Minze wird im Orient fast ausschließlich frisch verwendet, meist mit Blatt und Stängel. Wer zuhause frische Minze pflanzen will, sollte sie am besten im Topf ziehen, denn die Minzepflanzen neigen dazu, die Nachbarpflanzen im Beet zu überwuchern, und sind kaum im Zaum zu halten.

Shakreeyeh

LAMM IN JOGHURT-MINZ-SOSSE AUS SYRIEN

* *

750 G LAMMFLEISCH IN WÜRFELN | 4 EL OLIVENÖL | SALZ, PFEFFER | 300 ML WASSER

FÜR DIE JOGHURT-SOSSE:
1 TL OLIVENÖL | 1/2 ZWIEBEL, FEIN GEHACKT | 1 KNOBLAUCHZEHE, FEIN GEHACKT | 150 ML WASSER | 2 TL SPEISESTÄRKE | 3 TASSEN JOGHURT | 1 TASSE KICHERERBSEN, GEKOCHT (OPTIONAL) | SALZ | FRISCHE MINZE

* *

Lammfleisch in Olivenöl leicht anbraten und mit Salz und Pfeffer würzen. Mit Wasser ablöschen und mindestens 1 ½ Stunden lang bei geschlossenem Deckel leicht köcheln lassen.
Für die Soße die Zwiebeln in Olivenöl braten, bis sie glasig sind. Dann ebenfalls mit Wasser ablöschen. Die Speisestärke in etwas kaltem Wasser anrühren, unter Rühren zu den Zwiebeln geben und kurz aufkochen, dann den Joghurt unterrühren und ab jetzt nicht mehr kochen lassen. Das Fleisch, die Lammbrühe und die Kichererbsen unterrühren. Unter ständigem Rühren nur noch erwärmen und einige Minuten ziehen lassen. Mit Salz und Pfeffer abschmecken. Auf Reisnudeln oder Weizenpilaw servieren und großzügig mit Minze bestreuen.

Dolma

GEFÜLLTES GEMÜSE AUS ÄGYPTEN

Rund um das östliche Mittelmeer und bis nach Persien bezeichnet der Name Dolma verschiedene Gemüsesorten, die gefüllt werden. Meist sind es Wein- oder Kohlblätter, es können aber auch Paprikaschoten, Zucchini oder wie in diesem Rezept aus Ägypten ganz andere Gemüsesorten sein.

ZUTATEN (FÜR 4 PERSONEN)

* *

4 AUBERGINEN | 4 KARTOFFELN | 4 TOMATEN |

FÜLLUNG FÜR DIE AUBERGINEN UND TOMATEN:
400 G RINDERHACK | 150 G LANGKORNREIS, SCHON GEKOCHT | 1 BUND GLATTE PETERSILIE | 1 EL MINZE, GEHACKT |
FÜLLUNG FÜR DIE KARTOFFELN:
300 G LAMMHACK | 2 ZWIEBELN | 2 EL BUTTERSCHMALZ | 2 EL TOMATENMARK
FÜR DIE SOSSE:
1 ZWIEBEL | 2 EL OLIVENÖL | 3 EL TOMATENMARK | 1 DOSE GESCHÄLTE TOMATEN | SALZ | PFEFFER

* *

Gemüse putzen, Kartoffeln schälen, alle drei Gemüsesorten aushöhlen (z. B. mit einem Ausstecher für Bratäpfel). Backofen auf 200 Grad vorheizen, inzwischen zwei verschiedene Füllungen zubereiten:
1. Rinderhack, Reis, gehackte Petersilie und gehackte Minze gut vermengen, salzen, pfeffern. Diese Füllung wird roh verwendet, für die Auberginen und die Tomaten.
2. Lammfleisch mit den kleingehackten Zwiebeln, Salz und Pfeffer in Butterschmalz anbraten, in die ausgehöhlten Kartoffeln füllen, Tomatenpüree mit etwas Wasser verdünnen, die Kartoffeln übergießen.
Für die Tomatensoße Zwiebel feinhacken, in Olivenöl andünsten. Tomatenpüree dazugeben. Geschälte Dosentomaten kleinschneiden und mit ihrem Saft dazugeben. Kurz aufkochen und abschmecken. Mit einem Teil der Soße den Boden einer feuerfesten Form bedecken. Die vorbereiteten Gemüse hineinstellen. Nach Belieben mit der restlichen Tomatensoße begießen und auf der untersten Stufe 40 bis 50 Minuten backen. Garprobe bei den Auberginen und Kartoffeln machen, sie brauchen am längsten. Dolmas schmecken auch kalt gut.

GANZ VERSCHIEDENE GEFÜLLTE GEMÜSESORTEN WERDEN ALS DOLMA BEZEICHNET.

Mücver

TÜRKISCHE ZUCCHINIPUFFER

ZUTATEN (FÜR 4 PERSONEN)

* *

600 G ZUCCHINI | 1 ZITRONE (SAFT) | 1 ZWIEBEL, FEIN GEHACKT | 80 G WEIZENMEHL | 4 EIER | SALZ | PFEFFER AUS DER MÜHLE | 2 EL MINZE, GEHACKT | 2 EL DILL, GEHACKT | OLIVENÖL ZUM BRATEN

FÜR DIE JOGHURTSOSSE:

400 G JOGHURT, AM BESTEN MIT 10 % FETT (SÜZME YOGURT) | 100 G SCHAFSFRISCHKÄSE (FETA) | SAFT VON EINER ZITRONE | 2 EL FRISCHE ZITRONENMELISSE, GEHACKT | 2 EL FRISCHE MINZE, GEHACKT | 1 EL HONIG | 1/2 TL KREUZKÜMMEL (GEMAHLEN) | 1 PRISE CAYENNEPFEFFER | SALZ, PFEFFER

Für die Zucchinipuffer die Zucchini fein reiben und in eine Schüssel geben. Salzen, etwa 1 Stunde ziehen lassen, dann in einem Sieb sorgfältig ausdrücken, anschließend mit dem Zitronensaft beträufeln. Die Zwiebel fein hacken und untermischen. Mehl und Eier dazugeben, mit den Zucchini zu einer formbaren Masse verrühren. Mit den gehackten Kräuter und den Pfeffer würzen. Reichlich Olivenöl in einer Pfanne erhitzen und etwa handtellergroße Puffer im Fett schwimmend bei mittlerer Hitze ausbacken, bis sie goldgelb sind.
Für den Zitronenjoghurt Zitronensaft, Honig und die gehackten Kräuter unter den Joghurt rühren. Zum Abschluss die Soße mit Kreuzkümmel, Cayennepfeffer, Salz und Pfeffer kräftig abschmecken. Kalt zu den warmen Zucchinipuffern und frischem gerösteten Fladenbrot servieren.

Taboulé

WEIZENSALAT MIT KRÄUTERN AUS DEM MAGHREB

Eines der zahlreichen Rezepte für diesen frischen Sommersalat, der sich mit verschiedenen Gemüsen wie Gemüsepaprika, aber auch zum Beispiel Feta-Käse oder Rosinen endlos variieren lässt. Statt Bulgur lässt sich für dieses Rezept auch Instant-Couscous verwenden.

ZUTATEN (FÜR 4 PERSONEN)

200 G BULGUR (WEIZENSCHROT) | 5 EL ZITRONENSAFT | 450 ML WASSER | 4 FRÜHLINGSZWIEBELN | 2 KNOBLAUCHZEHEN | 1 BUND PETERSILIE | 1/2 BUND FRISCHE MINZE | 5 EL OLIVENÖL | 2 TL SALZ | 3/4 TL SCHWARZER PFEFFER | 4 GROSSE TOMATEN | 1/2 SALATGURKE | 10 OLIVEN (OPTIONAL)

Wasser mit dem Zitronensaft mischen, über den Bulgur gießen und quellen lassen. Durch den Zitronensaft wird der Weizen auch mit kaltem Wasser weich. Mit der Gabel immer wieder auflockern – das Getreide soll locker krümelig sein. Gegebenenfalls noch etwas Wasser zugeben.
Zwiebel, Knoblauch und Kräuter fein hacken und mit Olivenöl, Salz und Pfeffer in einer Salatschüssel mischen.
Tomaten entkernen und klein schneiden. Die Gurke schälen und würfeln. Oliven grob hacken. Alles mit in die Salatschüssel geben und mischen.
Am besten schmeckt Taboule, wenn es mehrere Stunden durchgezogen ist.

Tunesischer Salat

ZUTATEN (FÜR 4 PERSONEN):

250G FRISCHE TOMATEN | 1 GRÜNE PAPRIKASCHOTE | 1 ROTE PAPRIKASCHOTE | 1 MITTELGROSSE GURKE | 1 GROSSE ZWIEBEL | 2 HARTE EIER | ETWA 10 SCHWARZE OLIVEN | 6 EL OLIVENÖL | 2 EL ESSIG | 1 EL KAPERN | 1 TL GETROCKNETE MINZE | 100G THUNFISCH IN ÖL | 1 ZITRONE, UNBEHANDELT | SALZ |

Eier hartkochen und in Scheiben schneiden, Zitrone in Scheiben schneiden, diese eventuell noch vierteln. Die beiden Paprikaschoten gut waschen. Stiele abschneiden und Kerne entfernen, dann die Schoten in schmale Streifen schneiden. Tomaten waschen und würfeln, Zwiebel schälen und klein hacken, Gurke schälen und in Würfel oder Viertelscheiben schneiden. Aus Essig und Öl die Salatsoße zubereiten, mit Minze und Salz würzen. Die Gemüsezutaten und die Oliven zuerst in die Salatsoße geben und unterheben, dann die Eierscheiben kreisförmig am Rand arrangieren, in der Mitte den Thunfisch platzieren, mit Zitronenscheiben dekorieren und das ganze mit den Kapern krönen.

Muskat

(Myristica fragrans)

Von den Molukken, die heute zu Indonesien gehören, stammt der Muskatbaum, und sowohl die dunkelbraunen Samenkerne (Muskatnuss) als auch der leuchtend rote Samenmantel (Macis) seiner aprikosenähnlichen Früchte werden seit alters her als Gewürz verwendet. Zudem setzte man sie zu magischen Zwecken und als Heilmittel ein; sie wurden als Aphrodisiakum gepriesen, entgasen, wie es hieß, den Darm, helfen bei akuter Gastritis, bei nervösen Beschwerden und bei Wahrnehmungsstörungen.

DIE MUSKATNUSS IST AM BAUM VON HOLZIGEM FRUCHTFLEISCH UMGEBEN

Bereits bei ägyptischen Mumien fand man Muskatnüsse; im 6. Jahrhundert brachten arabische Händler die Mukatnuss nach Konstantinopel. Von dem byzantinischen Arzt Simon Seth sind Aufzeichnungen überliefert, dass MUSKAT „dem Magen, der Leber und dem Herzen nütze". Der Gelehrte warnte aber auch schon vor dem übermäßigen Verzehr der Nuss „weil sie dann den Eingeweiden schade" – denn in größenen Mengen, das heißt, ab etwa fünf Gramm, gilt Muskat als giftig. Er löst Unwohlsein und Rauschzustände aus, verstärkt die Wirkung von Alkohol.

Genauere Kenntnisse über die „Moschus-Nuss" (vom lat. *nux muscatus*) oder die „aromantische Nuss" (arab. *al-jouz at-tib*) oder „Indische Nuss" (türk.: *hindistancevizi*) erlangte Europa indes erst im 16. Jahrhundert, nachdem die Portugiesen die Gewürzinseln entdeckt hatten.

Muskatnüsse galten zur dieser Zeit als sehr wertvoll; man schrieb ihnen unter Anderem zu, das einzige Mittel gegen die Pest zu sein. Briten, Spanier, Portugiesen und Niederländer bekriegten sich wegen der teuren „Frucht". In Folge der blutigen Auseinandersetzungen wurde übrigens ein geschichtsträchtiger Tausch getätigt: Am 18. April 1667 tauschten die Briten die kleine Insel Run im Ostindischen Archipel gegen eine viel größere Insel an der amerikanischen Ostküste ein, die bis dahin in niederländischer Hand war: das heutige Manhattan.

Aber der Handel mit Muskatnüssen blieb weiterhin ein umkämpftes Monopol. Erst Ende des 18. Jahrhunderts gelang es Pierre Poivre, damals Statthalter von Mauritius, dieses Monopol zu brechen: Er ließ einige Exemplare des Muskatbaums von den Molukken „entführen" und auf Mauritius bzw. La Réunion in die Erde setzen. Seitdem avancierte jedoch Grenada zum zweitwichtigsten Anbaugebiet – die Insel hat die Muskatnuss sogar in ihrer Landesflagge.

Kulinarisch schätzt man den aromatischen, leicht bitteren und harzigen Muskat (nach der hauptsächlichen Herkunftsinsel auch Banda-Nuss genannt) vor allem in Nordindien, im Iran und in den Nordafrikanischen Ländern. So findet man Muskatgewürz etwa in der marokkanischen Gewürzmischung *ras el hanout* und im *qalat daqqa*, dem Aromaquintett (Muskat und zu gleichen Teilen Pfeffer, Nelken, Paradieskörner sowie die halbe Menge Zimt) des benachbarten Tunesien. Auch das saudiarabische *baharat* enthält Muskat. Fisch, Geflügel, junges Gemüse, Suppen, Gebäck und Süßspeisen werden im Orient ebenfalls mit Muskat gewürzt.

Der Muskat-Baum kann bis zu hundert Jahre alt werden, erst im achten Jahr trägt er Früchte. Wild wächst er bis zu einer Höhe von 15 Metern. In den Plantagen hält man ihn auf etwa fünf bis sechs Meter Höhe. Er hat ledrige, dunkelgrüne Blätter; die weißen, etwa ein Zentimeter großen Blüten ähneln denen des Maiglöckchens. Nach neunmonatiger Reifezeit springen die Früchte auf, das holzig-harte, saure Fruchtfleisch und der Samenmantel werden entfernt, die Macis getrocknet (separat oder zusammen mit den Samen). Auf 400 Kilogramm Muskatnuss fällt dabei nur ein Kilogramm Macis an. Die Macis, die auch den irreführenden Namen Muskatblüte trägt, ist daher ein wertvolles und teures Gewürz.

Muskatnüsse werden anhand ihrer Masse in Qualitätsklassen eingeteilt. Im Handel sind große Nüsse mit bis zu acht Gramm am geschätztesten. Die kleinsten ganz in den Handel kommenden Nüsse wiegen knapp drei Gramm. Echte Banda-Nüsse sind in der Regel kugelförmig oder haben eine leichte Eiform. Die Makassar- oder Papuamuskatnuss (Myristica argentea) aus Neuguinea und die Bombaymuskatnuss (Myristica malabarica) aus Südindien lassen sich schon an ihrer eichelähnlichen Gestalt als „falsche" Bandanuss erkennen; zudem charakterisiert

DIE LEUCHTEND ROTE MACIS UMSCHLIESST DIE FRISCHE MUSKATNUSS.

KAFFEE NACH ARABISCHER ART IST DER FLÜSSIGE BOTSCHAFTER ORIENTALISCHER GAST-FREUNDSCHAFT.

erstere ein stechender Geruch. Die Bombay-Variante indes hat überhaupt kein Aroma.

Aber auch bei echten Muskatnüssen muss man vorsichtig sein: Zerbrochene, von Insekten und Pilzen befallene Nüsse – im Handel als „BWP-Ware“ bezeichnet (vom Englischen: broken, wormy, punky) dürfen eigentlich nur noch zur Gewinnung von Muskatöl bzw. Muskatextrakt (Oleoresin) verwendet werden. Gelegentlich werden sie aber auch gemahlen und gelangen illegalerweise in den Verkauf. Wegen der Gefahr von Schimmelpilzen auf BWP-Nüssen sollte man daher möglichst keine gemahlenen Muskatnüsse kaufen. Ganze Nüsse erhalten darüberhinaus ihr Aroma viel länger.

Das Aroma der ganzen Muskatnuss entfaltet sich stets erst beim Reiben, daher empfiehlt es sich, die Nüsse erst kurz vor Verwendung zu reiben oder die benötigte Menge frisch abzuschaben bzw. in der Mühle zu mahlen. Muskat sollte auch stets erst am Ende der Koch- bzw. Garzeit zu den Speisen gegeben werden, da er in der Hitze sein Aroma verliert.

Das orange-bräunliche Pulver der Macis – selten gibt es die bernsteinfarbene Samenhülle bei uns im Ganzen zu kaufen – schmeckt in der Regel milder als jenes der Nuss. Das feinere Macis kann Muskat immer ersetzen; nicht aber umgekehrt. Muskat würzt alles Salzige, Macis ist eher bei Süßspeisen gebräuchlich.

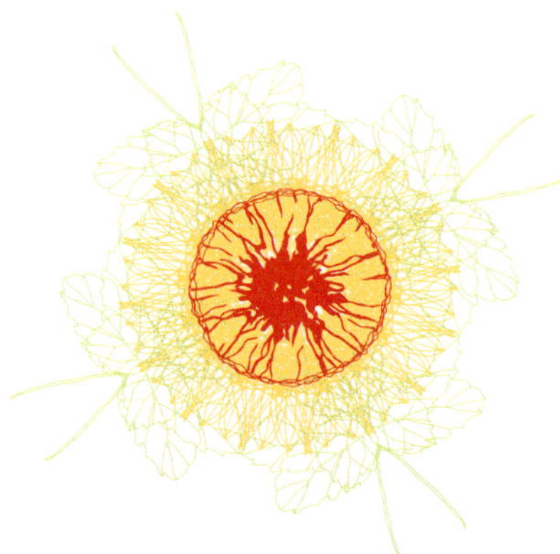

Ispanakli gözleme

ANATOLISCHES FLADENBROT MIT SPINATFÜLLUNG

ZUTATEN (FÜR 4 FLADEN)

FÜR DEN TEIG:
150 G MEHL | 1/2 TL SALZ | 1 EL OLIVENÖL | ETWAS LAUWARMES WASSER |

FÜR DIE FÜLLUNG:
1 GROSSE ZWIEBEL | 3 KNOBLAUCHZEHEN | 3 EL BUTTER | 250 G FRISCHER SPINAT, GEHACKT, ODER TIEFGEKÜHLTER BLATTSPINAT | 1/2 TL PAPRIKAFLOCKEN (KIRMIZI BIBER) | 1 PRISE GERIEBENE MUSKATNUSS | 1 EL MEHL | 100–125 ML MILCH | 3 EL MITTELFEIN GERIEBENER KASAR PEYNIRI (TÜRKISCHER SCHNITTKÄSE) ODER PARMESAN | SALZ | PFEFFER

Für den Teig das Mehl mit dem Salz in eine Schüssel sieben. Eine Vertiefung in die Mitte drücken, Öl und etwas Wasser hinein geben und mit den Händen alles Mehl unterarbeiten. Mischung zu einem Teig verarbeiten und gut kneten. In 4 Stücke teilen und zu Kugeln formen. Auf eine bemehlte Arbeitsfläche geben, mit einem feuchten Tuch bedecken und etwa 20 Minuten ruhen lassen.

Für die Füllung Zwiebel fein würfeln, Knoblauch pressen und beides in einer tiefen Pfanne mit der Butter leicht anschmoren. Den Spinat waschen (oder auftauen), gut abtropfen lassen, fein hacken und in die Pfanne geben. Mit Muskatnuss und Paprikaflocken würzen und zugedeckt kurz dünsten. Mehl mit der Milch verrühren und unter ständigem Rühren unter den Spinat geben. Den geriebenen Käse dazugeben, mit Salz und Pfeffer abschmecken.

Für die Fladen den Teig auf einer bemehlten Fläche in vier Kreise ausrollen, sie sollten ungefähr die Größe einer Hand haben. In einer großen Pfanne die Fladen erst von einer Seite anbraten, dabei den Teig leicht bewegen. Dann die Oberseite mit Öl bestreichen und den Fladen wenden, etwas Spinatmasse daraufgeben. Wenn der Fladen durchgebacken ist, lässt man ihn aus der Pfanne auf ein Pergamentpapier gleiten und schlägt mit dem Papier beide Seiten stramm zur Mitte ein. Das Papier wird um das untere Ende der Rolle zusammengefaltet, denn Ispanakli Gözleme isst man nicht vom Teller, sondern mit der Hand heiß aus dem Papier.

Orientalischer Kaffee

1/2 L MILCH | 4–6 TL ESPRESSOPULVER | 2–4 TL BRAUNER ZUCKER | 1 ZIMTSTANGE | 1 TL KARDAMOMSAMEN | 1 PRISE FRISCH GERIEBENE MUSKATNUSS

Milch und 100 ml Wasser in einem kleinen Topf aufkochen und vom Herd nehmen. Espressopulver, Zucker, Zimtstange, Kardamomsamen und Muskatnuss in die heiße Flüssigkeit geben und etwa 3 Minuten darin ziehen lassen. Den gewürzten Kaffee durch ein feines Sieb gießen, zurück in den Topf geben und wieder auf den Herd stellen. Den Kaffee heiß werden lassen und schaumig schlagen, sofort in Tassen füllen und servieren.

Ras el-Hanout

GEWÜRZMISCHUNG

Die Würzmischung – wörtlich übersetzt: „Chef des Ladens“ – stammt ursprünglich aus Marokko. Sie ist inzwischen aber auch in anderen Magrebh-Ländern in die Küchentradition eingegangen und hat unzählige Variationen erlebt – u. A. mit Zutaten wie Spanische Fliege, Eschenbeere, Paradieskörner, Erdmandel und Belladonna. Stets sollten bei den oft zwei Dutzend Komponenten jedoch die Geschmacksrichtungen bitter, süß und scharf vorhanden sein. Ras el Hanout passt zu Couscous ebenso wie zu Lammeintöpfen und Reisgerichten.

3 MUSKATNÜSSE | 10 ROSENKNOSPEN (GETROCKNET) | 12 ZIMTSTANGEN | 12 BLÄTTER MACIS, (MUSKATBLÜTE) | 1 TL ANIS | 8 STÜCKCHEN KURKUMA | 2 KLEINE STÜCKE VEILCHENWURZEL (EIGENTLICH SCHWERTLILIENWURZEL, AUS DER APOTHEKE) | 2 GETROCKNETE CHILISCHOTEN | 1/2 TL LAVENDELBLÜTEN (GETROCKNET) | 1 EL WEISSER PFEFFER | 2 EL INGWERWURZEL (GETROCKNET) | 6 GEWÜRZNELKEN | 24 PIMENTKÖRNER | 20 KARDAMOMKAPSELN | 2 STÜCKE GALGANTWURZEL | 8 KORIANDERKÖRNER | ETWAS FENCHELSAAT

Samen aus den Kardamomkapseln lösen, Pimentkörner und Gewürznelken kurz in einer heißen Pfanne anrösten, abkühlen lassen. In einer Gewürzmühle (oder elektr. Kaffeemühle) mit dem Zimt, den Muskatnüssen sowie den Wurzeln, Schoten und Blüten zermahlen. Evtl. durch ein Sieb passieren, um grob verbliebene Stücke zu entfernen. In einem dunklen, gut verschließbaren Glas hält sich Raz el Hanout einige Monate ohne Aromaverlust.

Nelke

(Syzygium aromaticum)

Mit der gleichnamigen Blume hat die Gewürznelke im botanischen Sinne nichts zu tun. Ihr Name entstammt dem mittelhochdeutschen *negelkin* für „Näglein“, da die getrockneten, noch nicht geöffneten Blüten des intensiv süß duftenden Myrthengewächses an kleine Nägel erinnern. Erst später wurde dann die Blume nach der Gewürzpflanze benannt, und zwar wegen der Ähnlichkeit des trockenen Blütenkelches bei der Karthäusernelke mit einer Gewürznelke.

DIE GEWÜRZNELKEN SIND DIE GETROCKNETEN BLÜTENKNOSPEN DES NELKENBAUMS.

Wegen ihres außergewöhnlich starken, leicht brennenden Aromas wird die NELKE seit der Antike von Köchen in Europa, Nordafrika und dem größten Teil Asiens sehr geschätzt. Im Mittleren Osten und in vielen arabischen Ländern liebt man sie vor allem zu Fleischspeisen; auch der Reis erhält oft durch ein oder zwei Nelken seine spezielle Würze. In Äthiopien werden bei der Kaffeezeremonie Nelken zusammen mit den Kaffeebohnen geröstet. Und in vielen orientalischen Gewürzmischungen ist die Gewürznelke unentbehrlicher Bestandteil.

Heimisch ist der Nelkenbaum auf den Molukken (Indonesien); er wurde hier von alters her vor allem auf den Inseln Ternate, Tidore, Bacan kultiviert. Die frühesten gesicherten Hinweise auf den Nelkenhandel betreffen China und sind etwa 2500 Jahre alt. Nelken wurden im alten China nicht nur zum Kochen verwendet, sondern überdies zur Verbesserung der Raumluft. Und wer sich in den Han-Dynastien um eine Audienz beim Kaiser bemühte, musste zuerst eine Nelke kauen, um etwaigen Mundgeruch zu vertreiben. Auch in der Zahnheilkunde wurde die Gewürznelke bereits lange vor Christi Geburt verwendet.

Nelken wird ein großes Spektrum an segensreichen Wirkungen nachgesagt; ihr Verzehr hilft beispielsweise, den Appetit anzuregen, und ein Tee aus Nelken lindert Brechreiz. Einige der Eigenschaften, die man der Gewürznelke nachsagt, gehören indes sicher ins Reich der Legende: So heißt es, drei Gramm Nelken mit gesüßter Milch machten müde Ehemänner wieder munter.

Auf die entzündungshemmende und desinfizierende Wirkung des Myrtengewächses setzten die Ärzte des Mittelalters, wenn sie bei Epidemien wie der Pest Ketten aus Nelken um den Hals trugen. Arabische Händler brachten damals die kostbare Gewürznelke nach Europa. Später stritten viele Völker um das Nelkenhandelsmonopol; die Portugiesen besaßen es lange Zeit, wie auch die Holländer.

Heute ist die zu Tansania gehörende Insel Pemba das bedeutendste Anbaugebiet; das einstige Sultanat von Sansibar und Pemba (1963–1964) hatte sogar zwei Nelkenknospen in der Staatsflagge. Auch auf Madagaskar, Mauritius, den südlichen Philippinen sowie in Indien werden Gewürznelken kultiviert. Indonesien ist nach einem Einbruch der Produktion in den 50er Jahren ebenfalls wieder ein bedeutender Nelkenproduzent, Sansibar ein kleiner. Allerdings gelangt wenig von der Ernte in den Export.

Der Gewürznelkenbaum ist ein immergrüner, bis zu 20 Meter hoch wachsender Baum mit ledrigen, ganzrandigen, 9 bis 12 Zentimeter langen Blättern. Die weißlich-rosafarbenen Blüten stehen in dreifach dreigabeligen Dolden. Von einem Baum kann zweimal im Jahr geerntet werden; sein Ertrag beläuft sich dabei auf jeweils 25 Kilogramm.

Hochwertige Gewürznelken fühlen sich fettig an und sondern etwas Öl ab, wenn man gegen die Knospe drückt. Eine andere Art, ihre Qualität zu testen, ist der Wassertest: Schwimmen die „Nägelchen“ in dem wassergefüllten Gefäß mit dem Kopf nach oben und dem Stiel nach unten oder gehen gar unter, handelt es sich um gute Qualität. Waagrechtes Schwimmen bedeutet mindere Qualität.

Gewürznelken harmonieren gut mit anderen kräftigen Gewürzen wie Ingwer, Pfeffer, Kardamom. Frisch und luftdicht verschlossen halten sie sich bis zu drei Jahren. Nelkenpulver – das möglichst immer frisch in der Gewürzmühle hergestellt werden sollte – lässt sich schwerer dosieren als ganze Nelken, daher immer äußerst vorsichtig sein bei der Mengenwahl. Ganze Nelken kann man in eine Zwiebel oder Orange stecken (je nachdem um welche Art von Speise es sich handelt, pikant oder süß), so lässt sich das Gewürz nach dem Ende der Zubreitungszeit einfacher aus dem Gericht entfernen.

Couscous mit Gemüse und Lamm

Couscous gehört zu den typischsten Gerichten der nordafrikanischen Küche. Dabei bezeichnet der Name eigentlich das ganze Gericht mit seiner eintopfartigen Soße, nicht nur den Grieß, der je nach Gegend aus Weizen oder Hirse geschrotet wird.
Zu diesem Gericht gehört eigentlich ein spezieller Kochtopf, in dem das Getreide über dem Gemüse hängt und in dessen Dampf gegart wird. Eine einfachere Lösung bietet heute der Instant-Couscous, der nur noch mit kochendem Wasser übergossen wird und dann 10 Minuten ziehen muss.

ZUTATEN (FÜR 4 PERSONEN)

* *

1,5 KG MAGERES LAMMFLEISCH (VON DER SCHULTER) | 1 WEISSKOHL (MITTELGROSS) | 1 STÜCK ALTBACKENES WEISSBROT | 1 EL ZITRONENSAFT | 4 GEWÜRZNELKEN | 1 KG ZWIEBELN | 250 G KICHERERBSEN (AM VORABEND EINGEWEICHT) | 150 G BUTTER | 1 PRISE SAFRAN | 1 TL PFEFFER | SALZ | 6 L WASSER | 1 KG COUSCOUS | 250 G TOMATEN, GEHÄUTET UND ENTKERNT | 250 G KLEINE WEISSE RÜBEN | 500 G KAROTTEN | 3 KORIANDERZWEIGE | 2 CHILISCHOTEN | 500 G KÜRBIS | 250 G SÜSSKARTOFFELN | 100 G OLIVEN- ODER ARGANÖL.

* *

Tomaten überbrühen, enthäuten und entkernen, Rüben und Karotten schälen, in größere Stücke schneiden. Zwiebeln häuten und bis auf 2 Stück ebenfalls zerkleinern. Fleisch waschen, trocknen und in etwa zehn möglichst gleichgroße Stücke zerteilen. Strunk und Herz des Kohls mit einem spitzen Messer entfernen. Den Kohl mit dem Zitronensaft etwa 5 Minuten in kochendem Wasser blanchieren, am Ende auch das Brot kurz in dem Wasser einweichen. Das Fleisch in den Couscoustopf geben, zusammen mit dem blanchierten Kohl, dem Brot, zwei jeweils mit zwei Nelken gespickten Zwiebeln, den abgetropften Kichererbsen, Salz, Pfeffer, Safran und Wasser. Alles zum Kochen bringen. Den Couscous in den Siebteil des Topfes geben, so dass dieser unter Dampf steht. Etwa 30 Minuten köcheln lassen. Couscous herausnehmen, in eine tiefe Schale geben, die Körnchen mit den Fingern oder einer Gabel durchrühren, so dass sie nicht allzu sehr aneinander kleben. Mit etwas kaltem, leicht gesalzenem Wasser besprengen, etwa 15 Minuten ruhen lassen.
In der Zwischenzeit die restlichen Zwiebeln in die Bouillon geben, Tomaten, Rüben, Karotten, die zusammengebundenen Korianderzweige und die Chilis. Etwas Bouillon abschöpfen und darin Kürbis und Süsskartoffeln kochen.
Wenn die Bouillon erneut kocht, Couscous wiederum durchrühren, anschließend mit etwas Oliven- oder Arganöl besprengen. Nun den Couscous wieder in das Siebteil des Topfes geben und weitere fünf Minuten unter Dampf lassen. Butter hinzugeben. Wenn das Fleisch und die Gemüsestücke weich sind, alles in eine Schüssel schöpfen (Nelken und Korianderzweige entfernen; das Fleisch schön obenauf dekorieren); Couscous separat servieren.
Statt Lamm kann auch Rindfleisch verwendet werden, am besten ebenfalls aus Schulter, Hals oder Brust. Wer mag, bietet auch noch frisch gezupfte Korianderblätter in einem Schälchen zum Darüberstreuen an.

IN EINEM COUSCOUSTOPF WIRD DAS GETREIDE IM DAMPF GEGART.

Cháj-e Shir

PERSISCHER MILCHTEE

ZUTATEN (FÜR 1 LITER)

*

350 ML MILCH | 650 ML WASSER | 1 WALNUSSGROSSES STÜCK FRISCHER INGWER | 1 ZIMTSTANGE | 2 STERNANIS; GROB ZERKLEINERT | 7 GEWÜRZNELKEN; GROB GEMAHLEN | 2 TL SCHWARZER TEE | 6 TL ZUCKER

* *

Ingwer waschen und ungeschält in feine Scheiben schneiden, Zimstange und Sternanis grob zerkleinern, Gewürznelken grob mahlen.
Das Wasser zum Kochen bringen, die Milch, die Ingwerscheiben und die Gewürze dazugeben und alles 10 Minuten köcheln lassen.

Kabsah

HÜHNCHEN MIT GEMÜSEREIS

Kabsah in verschiedenen Variationen, auch mit Lammfleisch statt Huhn, gilt als Nationalgericht Saudi-Arabiens. Dies hier ist ein ägyptisches Rezept.

ZUTATEN (FÜR 4 BIS 6 PERSONEN):

1 HUHN (CA. 1,5 KG) | 1 GROSSE TASSE REIS | 3 GROSSE TOMATEN | 1 SUPPENWÜRFEL LAMMBRÜHE (IM TÜRKISCHEN ODER ARABISCHEN LADEN) | 3 KLEINE STÜCKCHEN ZIMTRINDE | 20 KORIANDERSAMEN | 15 PFEFFERKÖRNER | 6 NELKEN | 3 KARDAMOMSAMEN | EINE GROSSE PRISE KREUZKÜMMELKÖRNER | 1 KNOBLAUCHZEHE | 1 KL. ZWIEBEL | 1 GRÜNE PEPERONI | 1 UNBEHANDELTE ZITRONE (FRISCH ODER LOOMI: GETROCKNETE LIMONE) | EINIGE SAFRANFÄDEN | 1/2 DOSE TOMATENMARK | EVTL. NOCH EINIGE PINIENKERNE UND SULTANINEN

DER SAMOWAR WURDE URSPRÜNGLICH VON DEN PERSERN ERFUNDEN.

Tomaten überbrühen und häuten, mit der Gabel in einem tiefen Teller zerdrücken und etwas kaltes Wasser hinzugeben, ebenso wie den sehr fein gehackten Knoblauch und die in winzige Rondelle geschnittene Peperoni. Alles vermischen, leicht salzen und in den Kühlschrank stellen.
Die Zwiebel in etwas Öl anbraten, dann mit dem Brühwürfel 1 Liter Lammbouillon herstellen und die Zwiebeln ablöschen. Alle Gewürze hinzugeben: Zimt, Kardamom Safran, Pfeffer, Nelken, Koriander, Kumin, ½ Zitrone (wenn Loomi, andrücken oder mehrmals anstechen). Salzen und mindestens 1 1/2 Stunden köcheln lassen. Vom Feuer nehmen, die Zitrone herausnehmen.
In der Bouillon den Reis kochen: Die Reiskörner in etwas Öl mit dem Tomatenmark anbraten, immer wieder mit der Bouillon aufgießen, bis alle Flüssigkeit aufgesogen ist. Nicht umrühren. Eventuell Sultaninen und Pinienkerne dazu geben. Weitere 10 Minuten mit halb geöffnetem Deckel weiter köcheln lassen.
Das Huhn auf klassische Art braten (etwa am Spieß), den Reis in eine große Schüssel füllen und das zerteilte Huhn darauf legen. Die Tomatensoße separat servieren.

Kurabiye

ORIENTALISCHES MANDELGEBÄCK AUS DER TÜRKEI

Im gesamten mittleren Osten ist Kurabiye ein traditionelles Weihnachts- und Neujahrsgebäck. Alle Christen in den arabischen Ländern bereiten dieses Gebäck zu, das nach der Tradition zu den Gaben der drei Weisen gehörte, die der Stern nach Betlehem führte. Für die griechische Variante Kourabithes kann der Raki durch Ouzo ersetzt werden.

ZUTATEN

225 G BUTTERSCHMALZ | 3 TL GESIEBTER PUDERZUCKER | 1 EIGELB | 1 TL RAKI (ERSATZWEISE ANISPULVER) | 50 G GERÖSTETE MANDELN (SEHR FEIN GEHACKT) | 275 G GESIEBTES MEHL | 1 TL BACKPULVER | 1 PÄCKCHEN GANZE GEWÜRZNELKEN | 175 G PUDERZUCKER.

Butterschmalz mit 3 Teelöffeln Puderzucker verschlagen, dann das Eigelb hinzugeben und weiterschlagen. Mandeln, Mehl und Backpulver miteinander vermischen und unter die Buttermischung geben, wieder schlagen. Den Teig mit den Händen zu einer Rolle mit dem Durchmesser einer Salatgurke formen, etwa fingerdicke Stücke abschneiden. Die Stücke zu Bällchen formen und diese flachdrücken. Oben mit einem Messerrücken vier kleine Vertiefungen in Kreuzform einprägen und in die Mitte eine Gewürznelke stecken. Die Plätzchen für 15–20 Minuten bei 160°C backen (wichtig: aus dem Ofen nehmen, wenn sie ein wenig Farbe bekommen, da sich sonst der Geschmack verändert). Noch warm mit dem Puderzucker bestreuen.

Piment
(Pimenta dioica)

„Allgewürz" heißt PIMENT in vielen Sprachen, und tatsächlich lässt sich das Aroma des Myrthengewächses nicht eindeutig definieren. Nase und Zunge sehen sich vielmehr konfrontiert mit einer recht komplexen Mischung, in der allerdings das Parfüm-Trio Nelke, Zimt und Muskat dominiert. So erklärt sich ein wenig auch der zweite geläufige Name der Pflanze, „Nelkenpfeffer" – und natürlich aus dem Umstand, dass der Pimentbaum botanisch mit dem Gewürznelkenbaum verwandt ist. Außerdem weist Piment im Geschmack eine leicht pfeffrig-scharfe Note auf. Das Arabische spielt mit der Bezeichnung *fulful tabil*, „würziger Pfeffer", ebenfalls auf den speziellen Geschmack der dunklen Würzbeere an, nennt Piment aber oft schlicht nur *bahar*, „Gewürz". Der manchmal verwendete Name „Neugewürz" (im Türkischen entspricht ihm *yenibahar*, von *yeni* „neu" und *bahar* „Gewürz"), zeigt, dass Piment erst recht spät nach Europa kam. Es wurde zwar bereits bei einer Expedition von Kolumbus entdeckt, aber nicht gleich importiert. Im südeuropäisch-ostmediterranen Raum (z.B. Türkei, Syrien) ist Piment allerdings schon recht lange bekannt. Sein scharf-aromatischer Geschmack entspricht sehr den arabischen Würzgewohnheiten. Allerdings verwenden es die Haushalte dieser Länder eher selten; möglicherweise, weil es dort nirgendwo in signifikanter Menge angebaut wird. Die einzige altweltliche Küche, in der Piment sich etablieren konnte, liegt im Hochland Ostafrikas: Die äthiopische Gewürzmischung *berbere* enthält oft Piment.

Außer in seiner westindischen Heimat wird der Pimentbaum auch in Mexiko (dort würzten die Akzteken bereits ihre Schokolade mit Piment) und Honduras kultiviert, auf La Réunion und Jamaica. Die letztgenannte Insel gilt heute als Haupt-Produzent und liefert angeblich weltweit die beste Pimentqualität. Der Name Jamaika-Pfeffer für Piment schuldet sich diesem Anbaugebiet.

Der immergrüne, schlanke Pimentbaum kann bis zu hundert Jahre alt werden und bis zu zwölf Meter hoch. Im siebten Jahr trägt er seine ersten Früchte. Die Beeren – sie haben einen einzigen, vierzackigen Kelchrand, und im Innern enthalten sie jeweils zwei Fächer, die je ein schwarzbraunes Samenkörnchen tragen – bilden sich aus den kleinen weißen Blüten und werden noch unreif geerntet. Anschließend fermentiert und trocknet man sie (meist in Spezialöfen), daher die dunkle, faltig-ledrige Haut.

Ganze Pimentkörner werden zum Einlegen und Marinieren verwendet; gemahlen aromatisieren sie Kuchen, Suppen, Fleisch (Lamm, Rind, Wild), und Fisch, passen aber auch zu Suppen und Obst, Kohl und Gurken. Harmonisch verbinden sie sich mit den Gewürzen ihres Aromas (Nelke, Pfeffer, Muskat) sowie mit Zitrone. Bei richtiger Lagerung (vor Licht geschützt und luftdicht verpackt) halten sich Pimentkörner bis zu drei Jahre.

In den Anbauländern verwendet man neben den getrockneten Fruchtbeeren auch die frischen Blätter des Pimentbaums zum Kochen oder zum Räuchern von Fleisch.

Sein Aroma verdankt Piment verschiedenen ätherischen Ölen, hauptsächlich dem Eugnol. Es steht im Ruf, Koliken und Blähungen zu mildern. Die zerdrückten und gekochten Pimentkörner helfen angeblich gegen Rheumatismus und Neuralgien; man trägt sie auf ein Tuch auf und legt dies auf die schmerzende Stelle.

Falafel

KICHERERBSENBÄLLCHEN

600 G KICHERERBSEN | 1 BUND PETERSILIE | 1 KLEINE ZWIEBEL | 3 KNOBLAUCHZEHEN | 1 EL SALZ | 1/2 EL PIMENT | 1 TL ZIMT | 1 EL KORIANDER | 1 EL KREUZKÜMMEL | 1 TL NATRON (ODER BACKPULVER) | 100 G SESAMSAAT, UNGESCHÄLT | OLIVENÖL ZUM FRITTIEREN

Kichererbsen über Nacht einweichen, mit allen anderen Zutaten (bis auf den Sesam) in der Küchenmaschine zerkleinern. Etwas Wasser (etwa 4 Esslöffel) dazugeben. Mit einem Löffel Bällchen aus der Kichererbsenmasse formen, in Sesam wälzen, den Sesam leicht andrücken. Im heißen Öl frittieren. Dazu passt ein frischer Salat.
Für Falafel gibt es viele verschiedene Rezepte, in Ägypten zum Beispiel nimmt man statt der Kichererbsen Saubohnen.

Chich Taouk

LIBANESISCHE HÄHNCHENSPIESSE

ZUTATEN (FÜR 6 PERSONEN)

1 KG WEISSES HÜHNERFLEISCH | SAFT VON 2 ZITRONEN | 4 KNOBLAUCHZEHEN | 3 EL OLIVENÖL | 1 TL THYMIAN | 1 TL PIMENT | 1 TL KREUZKÜMMEL | 1 TL ZIMT | 1 TL SUMACH | 1 PRISE SAFRAN | SALZ

Das Hühnerfleisch in Würfel schneiden, den Knoblauch klein hacken und mit den Gewürzen und Kräutern sowie dem Olivenöl vermischen. Das Huhn über Nacht in dieser Marinade ziehen lassen. Auf Spießen grillen.

Kubbeh

SYRISCHE FLEISCHBÄLLCHEN

ZUTATEN (FÜR ETWA 25 STÜCK)

750 G RINDER- ODER LAMMHACKFLEISCH | 3 TASSEN FEINER BULGUR | 1–2 ZWIEBELN, KLEINGEHACKT | 1/2 TL PIMENT | 1/2 TL ZIMT | 1/2 TL KARDAMOM | 1/2 TL CHILIPULVER | 1 EL KREUZKÜMMEL | 1/2 TL LIMETTENPULVER (LIMO AMANI ODER LOOMI, ALTERNATIV ABGERIEBENE ZITRONENSCHALE) | 1 PRISE MUSKAT | 1/2 TL NELKEN, GEMAHLEN | 1/2 TASSE WALNÜSSE ODER PINIENKERNE | SALZ, PFEFFER | 1/2 BUND MINZE | 1/2 BUND PETERSILIE

Den Bulgur in einer Schüssel mit Wasser bedecken und etwa 15 Minuten quellen lassen. Das Hackfleisch in der Zwischenzeit mit der fein gehackten Zwiebel, Salz, Pfeffer, den übrigen Gewürzen und dem Limettenpulver vermischen und gut durchkneten. Minze und Petersilie kleinschneiden, unterheben und nochmals gut mischen. Den Bulgur abgießen und zur Hackfleischmasse geben, kräftig durchmischen, wenn nötig mit einigen Tropfen Wasser befeuchten. Aus der Masse feste kleine Kugeln formen, mit dem Daumen eine Vertiefung eindrücken, mit einer Nuss oder einem Pinienkern füllen und wieder verschließen. Kugeln in reichlich Öl frittieren.
Zu den Kubbeh passt Gurkensalat mit Joghurtsoße.
In Syrien dreht man die Fleisch-Bulgur-Masse oftmals vor dem Formen der Kugeln erst noch durch den Fleischwolf, um eine sehr feine Paste zu erhalten.
Die persische Variante: Mit einem geschmeidigen Teig aus Bulgur, Mehl (2 Tassen), Pflanzenöl (6 EL) und etwas Wasser wird die zu kleinen Würstchen geformten Hackfleisch-Nuss-Kräuter-Gewürz-Masse umschlossen und dann ausgebacken. Die Teigstäbchen dippt man zum Beispiel in Sesamsoße.

Warah Enab

GEFÜLLTE WEINBLÄTTER AUS ÄGYPTEN UND DEM LIBANON

ZUTATEN (FÜR ETWA 40 STÜCK)

* *

1 TASSE UNGEKOCHTEN REIS (BASMATI) | 2 GROSSE TOMATEN, IN WÜRFEL GESCHNITTEN | 1 ZWIEBEL, GEHACKT | 1/4 TASSE GEHACKTE PETERSILIE | 1 EL PFLANZENÖL | 1 ZITRONE (SAFT) | 1/2 TL SALZ | 1/4 TL PFEFFER | 1/4 TL PIMENT | 1 TASSE PÜRIERTE TOMATEN | 2 TASSEN WASSER | 2–3 KAROTTEN | WEINBLÄTTER

* *

Reis, Öl, Zwiebel, Petersilie, Zitronensaft und Gewürze in einer Schüssel vermischen. Weinblätter waschen und auf einer großen Platte auslegen (die rauere Seite nach oben). Jeweils 1 Esslöffel Reismischung vom Stengel aus zu Spitze hin auf die Blätter verteilen, Füllung zu einem kleinen „Würstchen“ formen und Weinblätter stramm aufrollen zu länglichen kleinen Paketen. Karotten in Scheiben schneiden und in etwas Wasser weich kochen. Den Boden eines großen Topfes damit auslegen. Erste Lage Weinblätter vorsichtig und dicht an dicht auf die Karottenscheiben schichten. Die nächste Schicht quer usw., Tomatenpüree und Wasser über die Weinblatt-Lagen gießen und zum Kochen bringen. Danach auf mittlere Hitze reduzieren, Weinblätter mit einem Steingut-Teller oder Ähnlichem beschweren, so dass sie auch von oben fest gedrückt werden. Deckel auf den Topf setzen (ohne den „Beschwerer“ zu entfernen!) und etwa 45 Minuten köcheln lassen, bis der Reis gar ist. Warm servieren.

WEINBLÄTTER KANN MAN IN KLARER BRÜHE ODER AUCH IN TOMATENPÜREE ZIEHEN LASSEN.

Paprika

(Capsicum annuum)

„Süß wie die Sünde und scharf wie der Teufel" – so muss guter PAPRIKA schmecken, behaupten nicht nur die Ungarn, deren Land und Küche heute hauptsächlich mit dem Nachtschattengewächs assoziiert werden. Aber auch auf jedem orientalischen Markt leuchten dem Besucher kunstvoll getürmte Kegel von rotem Paprikapulver entgegen. Von Marokko über die Türkei bis nach Nordindien schätzt man milde bis mittelscharfe Paprika-Arten gleichermaßen wegen des Geschmacks und wegen ihrer Färbekraft. Das feine, süß-pikante Aroma verträgt sich gut mit den würzig-scharfen Gerichten der arabischen Küche, aber auch mildere Speisen profitieren sehr davon.

DIE PAPRIKAPFLANZE STAMMT AUS SÜDAMERIKA.

Paprikapflanzen wachsen in jedem Klima und werden daher fast überall auf der Welt angebaut. Einigermaßen warme Bedingungen sind allerdings zur Ausbildung eines starken Aromas unerlässlich. So findet man Paprikapflanzen in den Gärten Marokkos ebenso wie in Texas, in der Türkei ebenso wie in Bulgarien.

Ursprünglich beheimatet ist die „Beißbeere" in Südamerika. Wo genau, ist heute nicht mehr festzustellen, da in mehreren südamerikanischen Ländern schon lange vor Christi Geburt wilde Capsicum-Arten (vom griechischen *capsa*, Kapsel, Behältnis) existierten. Die Gattung entwickelte sich wahrscheinlich im Gebiet des heutigen Südbrasilien bis Bolivien; die einzelnen Arten wurden durch Vögel bis nach Mittelamerika weiterverbreitet. Bereits die indigenen Bewohner kultivierten Paprika; sei es in Peru, Ecuador, Kolumbien oder Panama. Allein Mexiko kennt, so heißt es, fast siebzig verschiedene Paprikasorten – bei den meisten handelt es sich dabei freilich um die verwandten Chilischoten.

Die Spanier brachten von ihren Fahrten nach Südamerika einige Paprikafrüchte mit in ihre Heimat: Auf der zweiten Entdeckungsfahrt von Kolumbus gehörte zu seinen Reisebegleitern ein gewisser Diego Alvarez Chanca, Arzt aus Sevilla. Durch ihn gelangte um 1494 Paprika nach Europa. Zunächst betrachtete man die Pflanze dort allerdings als eine Pfefferart und baute sie vorwiegend in Ziergärten an. Im späten 16. Jahrhundert indes hatte der „spanische Pfeffer" – auch „roter Pfeffer" (türk.: *kırmızı biber*) genannt oder „süßer Pfeffer" (arab.: *fulful halu*) bereits als Würze den Balkan, Afrika und Indien erreicht. Die Bezeichnung „Pfeffer" geht übrigens zurück auf das Griechische *peperi* und *piperi*, die Balkanvölker machten daraus *peperke* bzw. *paparka* – die Basis für das Wort Paprika.

Die Paprika-Pflanze kann eine Höhe von bis zu 1,5 m erreichen, in ihrem natürlichen, frostfreien Lebensraum wächst sie zu oft sehr großen, mehrjährigen Sträuchern heran. Sie hat breite, kräftig grüne Blätter; an einem zwei bis fünf Zentimeter langen Stiel wachsen ihre meist weißen Blüten (bei manchen Sorten sind sie auch gelblich-grün oder violett). Paprika-Früchte – botanisch: Beeren, im Volksmund: Schoten – haben eine große Formenvielfalt: Von schmal-zylindrisch bis kugelig. Die Gestalt der Fruchtspitze reicht von kegelig über abgerundet bis hin zu mehreren Kerbungen. Je nach der Menge ihres Carotinoid-Farbstoff-Anteils sind die reifen Beeren leuchtend rot, orange oder gelb bis blass grünlich-gelb. Insgesamt sind rund dreißig verschiedene Paprika-Sorten geläufig.

Für das Paprikapulver – dessen Erfindung wir angeblich den Osmanen verdanken – werden die geernteten Schoten getrocknet und gemahlen. Die beste Qualität erzielt man durch die natürliche Sonnentrocknung; sie führt zu einem besonders fruchtigen Geschmack und einer schönen rote Farbe des Endprodukts (welche sonst häufig mit Hilfe des gesundheitschädlichen Farbstoffs Sudanrot erzielt wird, den man u. A. auch für Schuhputzcremes verwendet).

Die reifen Paprika-Schoten haben wenig Fruchtfleisch und Saft, ihre Schärfe verdankt sich den Samen (Kernen) und den Scheidewänden. Beide bergen das feurige Capsaicin. Je mehr also von dem „Innenleben" der getrockneten Fruchtbeere mit vermahlen wird, umso schärfer ist das Pulver. Bei der Herstellung der milden Sorten werden große Mengen an Fruchtwänden, aber nur geringe Mengen an Scheidewänden, Placenta und Kernen gebraucht.

Das überschüssige Material wird zu einem beißend-scharfen Paprikapulver („Scharfpaprika“) vermahlen, das eher orangebraun als rot aussieht und nur noch wenig Frucht-Aroma vorweisen kann; von der Schärfe lässt es sich etwa mit Cayennepfeffer oder anderen Chilipulvern vergleichen. Es findet sich bei uns eher selten im Handel. Auf dem Markt sind meist nur die vier Hauptsorten: Delikatess-Paprika (entspricht dem spanischen *dulce*), edelsüßer Paprika, halbsüßer Paprika und Rosenpaprika (spanische Variante: *picante*) .

Delikatesspaprika (mitunter auch als „Extra“ bezeichnet) wird aus besten Früchten hergestellt, würzt mild aromatisch und ist von hellroter Farbe. Edelsüß ist die gebräuchlichste Paprikapulver-Sorte. Sie verleiht eine würzig-milde Schärfe und färbt dunkelrot. Halbsüß bedeutet eine schon merkbare Schärfe- und Farbsteigerung; an der Spitze der Feuerpyramide steht dann der Rosenpaprika: tiefrot und brennend für Zunge und Gaumen.

Doch egal welche Sorte: Paprikapulver verliert schnell an Aroma; es sollte in fest verschlossenen Behältern kühl aufbewahrt werden (maximale Haltbarkeit: ein Jahr). Braunes Pulver ist alt; es schmeckt dann schal. Paprika passt zu vielerlei Speisen, von Milchprodukten angefangen über Reisgerichte, Gemüse (z.B. Auberginen, Tomaten) und Hülsenfrüchte (grüne Bohnen, Linsen) bis hin zu Fisch, Geflügel und Fleisch (Lamm, Hammel). Als Faustregel gilt: Je süßlicher/milder das Gewürzpulver, desto früher darf es zu den Gerichten gegeben werden. Vorsicht allerdings beim Erhitzen: Paprika enthält merkliche Anteile von Zucker; in siedendem Fett karamellisieren diese und machen das Pulver bitter. Es verliert zudem an Würzkraft und Farbe. Paprikapulver in heißem Öl anzubraten erfordert daher viel Geschick und darf nur wenige Sekunden dauern. Sein volles Aroma entfaltet Paprika am besten beim langsamen Mitdünsten.

Die türkische Küche zeigt eine besondere Kompetenz im Umgang mit Paprika – wahrscheinlich lernten die Osmanen die Pflanze bereits sehr früh in portugiesischen Stützpunkten in Zentralasien kennen – und benützt ihn auf ganz eigene Weise. Als Koch- und Streuwürze dient statt des trockenen Paprikapulvers meist *pul biber*, ein grobes, etwas feuchtes (auch „Paprikaflocken“ genannt) mit leuchtender Farbe, intensivem Aroma und variabler, meist aber nicht besonders hoher Schärfe. Türkische Schmorgerichte sind farblich und geschmacklich von diesem mildwürzigen Paprikapulver dominiert. Zudem gibt es in der Türkei die einzigartige Variante von getrocknetem Paprika namens *isot*. Dieses grobe Pulver ist dunkelbraun, fast schwarz gefärbt und besteht aus langsam in der Ofenhitze getrockneten Paprikafrüchten mit einer Spur Salz. Es ist vor allem für den Osten des Landes typisch, schmeckt besonders voll und etwas fermentiert. Außer dem getrockneten Paprika kennt die türkische Küche auch eine hochrote, aromatische Paprikapaste (*biber salçası* oder auch nur *salça*), die in verschiedenen Schärfegraden verfügbar ist.

Paprika ist reich an Vitamin C (der ungarische Chemiker Albert Szent-György konnte Vitamin C erstmals aus Paprika in genügender Menge isolieren), wirkt belebend, appetitanregend, stärkt den Blutkreislauf, fördert die Bildung von Magensaft, schützt die Gefäße und wirkt Blutgerinnseln entgegen sowie keimtötend. Bereits die amerikanischen Ureinwohner nutzten Paprika als Heilmittel, unter Anderem gegen Zahnschmerzen oder Arthrose. Der heute bekannteste Einsatz von Paprika in der Medizin sind ABC-Pflaster, die bei rheumatischen Schmerzen eingesetzt werden. Auch gegen Beschwerden wie Hexenschuss, Migräne und Gürtelrose soll Paprika helfen.

EIN MAROKKANISCHER GEWÜRZSTAND VERFÜHRT DURCH SEINEN DUFT.

Schlada dial Ibarba

ROTE-BEETE-SALAT AUS MAROKKO

ZUTATEN (FÜR 6 PERSONEN):

* *

1 KG ROTE BEETE | 1 TL PAPRIKAPULVER, EDELSÜSS | 1 PRISE ZIMT | 1 PRISE KREUZKÜMMEL | 1 EL PUDERZUCKER | 4 EL ORANGENBLÜTENWASSER | 1 ZITRONE (SAFT) | SALZ

* *

Rote Beete schälen und in etwas Salzwasser etwa 2 Stunden weich köcheln. Das Wasser abgießen, jedoch eine Tasse davon zurückbehalten. Die Rote Beete in feine Scheiben schneiden, mit Salz bestreuen und die Scheiben wie einen Fächer drapieren. Die Gewürze, den Zucker, den Zitronensaft und das Orangenblütenwasser mit dem Kochwasser mischen, über das warme Gemüse gießen und ziehen lassen. Kalt servieren.

Gemici Pilavi

FISCH-REIS-AUFLAUF AUS DER TÜRKEI

ZUTATEN (FÜR 4 PERSONEN):

* *

150 G REIS | 500 G FISCHFILET | 1 EL ÖL | SAFT VON 2 ZITRONEN | SALZ | PFEFFER | 1 TL ROSENPAPRIKA | 4 HART GEKOCHTE EIER | 2 EL PETERSILIE, GEHACKT | 3 EL BUTTER | 1 TASSE MILCH

* *

Reis in einem Sieb mit kaltem Wasser abbrausen. In Salzwasser 5 Minuten lang kochen, wieder ins Sieb abschütten. In einem großen Topf Wasser zum Kochen bringen. Den Reis in einem Sieb über den Topf hängen, dann den Deckel auflegen, so dass der Reis nicht direkt im Wasser hängt, sondern durch den aufsteigenden Dampf gegart wird. Etwa 20 Minuten lang garen lassen. Den Ofen auf 180° vorheizen, Eier 10 Minuten kochen, abkühlen lassen.
Den Zitronensaft mit etwas Wasser anrühren, dann zusammen mit dem Öl und den Gewürzen erhitzen und die Fischfilets darin 5 Minuten lang köcheln lassen.
Die Fischfilets in eine Auflaufform geben. Die hart gekochten Eier in Scheiben schneiden und um den Fisch legen. Den Reis mit der gehackten Petersilie würzen und über den Filets und den Eiern verteilen. Die Butter mit der Milch verrühren und in der Auflaufform über den Reis und den Fisch gießen. Den Auflauf etwa 15 Minuten backen; heiß servieren.

Gheimeh Bademdschan

GULASCH MIT AUBERGINEN UND KICHERERBSEN
EIN PERSISCHES GERICHT

ZUTATEN (FÜR 6 PERSONEN):

* *

4 MITTELGROSSE AUBERGINEN | 150 G KICHERERBSEN (AUS DER DOSE ODER SCHON ÜBER NACHT EINGEWEICHT) | 500 G LAMMFLEISCH (ODER RINDERGULASCH) | 2 ZWIEBELN | 300 G GESCHÄLTE TOMATEN (AUS DER DOSE) | 1 EL TOMATENMARK | 3 GETROCKNETE LIMONEN (LIMO AMANI ODER LOOMI, SONST ABGERIEBENE SCHALE VON DREI UNBEHANDELTEN ZITRONEN) | 1/2 TL KURKUMA | 1/2 TL PAPRIKA, SCHARF | ÖL | PFEFFER, SALZ

* *

Auberginen schälen, der Länge nach in etwa 1 Zentimeter dicke Scheiben schneiden und mit Salz bestreuen und auf Küchenkrepp legen. Mindestens 2 Stunden lang Wasser ziehen lassen, bis sie weich geworden sind, Küchenkrepp gelegentlich austauschen.
Fleisch in Würfel schneiden, Zwiebeln klein hacken. Die gewürfelten Zwiebeln in einem großen Topf in Öl anbraten. Das Fleisch hinzugeben und ebenfalls scharf anbraten. Mit Salz, Pfeffer und Kurkuma würzen.
Kichererbsen in einem Sieb abtropfen lassen und zum Fleisch geben. Tomatenmark hinzufügen und in den Gewürzfond einrühren. Anschließend mit etwa 500 ml Wasser ablöschen. Tomaten dazugeben und alles im geschlossenen Topf bei schwacher Hitze etwa 1 Stunde köcheln.
Von den Auberginenscheiben mit dem Küchenpapier eventuell übrig gebliebenes Salz abtupfen

und sie mit etwas Kurkuma würzen. Reichlich Öl in einer Pfanne erhitzen und die Auberginen darin von beiden Seiten goldbraun braten. Herausnehmen, auf Küchenpapier abtropfen lassen, dann vorsichtig in die Soße geben. Mit Salz und Paprika würzen und nochmals 10 Minuten ziehen lassen.
Mit Basmatireis servieren.

Lahmacun

TÜRKISCHE PIZZA

FÜR DEN TEIG: 1 TL TROCKENHEFE | 1/2 TL ZUCKER | 150 ML WASSER, LAUWARM | 350 G MEHL, NICHT ZU FEIN | 1/2 TL SALZ | ETWAS ÖL (OLIVEN- ODER SONNENBLUMENÖL)

FÜR DEN BELAG: 1 GROSSE ZWIEBEL | 4 ZEHEN KNOBLAUCH | ETWAS BUTTER | 225 G LAMMHACK | 1 TOMATE, GEHÄUTET, GEWÜRFELT | 1/2 TL ZUCKER | 1 GRÜNE PEPERONI | 1 TL GROBES TÜRKISCHES PAPRIKAPULVER (KIRMIZI ACI BIBER) | 1 EL ZITRONENSAFT | 1 BUND PETERSILIE | SALZ | PFEFFER | MINZE, FEIN GEHACKT | 4 TL TOMATENPÜREE

Für den Teig zunächst aus der Hefe, dem Zucker und dem lauwarmen Wasser einen Vorteig bilden und diesen an einem warmen Ort stehen lassen, bis die Mischung schäumt.
Mehl mit dem Salz auf die Arbeitsfläche geben, in der Mitte eine Vertiefung eindrücken. Die Hefemilch hineingeben, unterkneten, weiter Wasser hinzugeben, bis der Teig sich gut kneten lässt. Den Teig zu einer Kugel formen, diese mit Öl einreiben und in eine Schüssel legen. Die Schüssel mit einem feuchten Tuch oder mit Frischhaltefolie abdecken, den Teig an einem warmen Ort etwa 1 Stunde lang gehen lassen, bis er auf doppelte Größe aufgegangen ist.
Für die Füllung die Zwiebel fein hacken und in der Butter glasig dünsten. Den Knoblauch pressen und hinzugeben. Die Tomate überbrühen, häuten und hacken, die Minze fein hacken. Das Hackfleisch mit allen anderen Zutaten außer dem Tomatenpüree in eine Schüssel geben, Zwiebel und Knoblauch unterheben und gut verkneten.
Den Ofen auf 230°C vorheizen. Den aufgegangenen Teig auf einer bemehlten Arbeitsfläche kneten. In 2 bis 3 gleich große Stücke teilen und jeweils mit einem Nudelholz zu einem Kreis ausrollen, dann mit den Händen möglichst dünn ziehen. Jede Teigplatte auf ein mit Backpapier belegtes Backblech geben. Zuerst mit Tomatenpüree, dann mit der Hackfleischmasse dünn bestreichen. 12 bis 15 Minuten backen, der Teig sollte noch weich genug sein, um sich aufrollen zu lassen. Heiße Lahmacun mit etwas Zitronensaft beträufeln, mit grob gehackter Petersilie bestreuen und als Pizza oder mit Salat belegt und zu einer Tüte zusammengerollt essen.

AUS EINER RAFFINIERTEN MISCHUNG VIELER ZUTATEN ENTSTEHT DAS FEIN ABGERUNDETE AROMA DES BAHARAT.

Baharat

ORIENTALISCHE WÜRZMISCHUNG

Baharat wird rund um den persischen Golf vor allem zum Aromatisieren von Lamm und Reis verwendet.

* *

6 KARDAMOMKAPSELN | 3 EL PAPRIKA EDELSÜSS | 1 EL PFEFFER | 1 EL KORIANDERSAMEN | 1 EL KREUZKÜMMEL | 1 TL CHILIPULVER | 1/2 MUSKATNUSS | 1/2 ZIMTSTANGE

* *

Samen aus den Kardamom-Hülsen lösen, Muskatnuss reiben, Zimtstange zermahlen oder im Mörser klein stoßen, alles mit den anderen Gewürzen vermischen.

Pfeffer
(Piper nigrum)

PFEFFER ist ein Multitalent – und heute eines der beliebtesten exotischen Gewürze weltweit. Je nach Herkunftsland und Sorte – es gibt rund 700 Arten von piperacea – schmeckt Pfeffer sehr unterschiedlich, und die Vielzahl seiner Farben gibt häufig Anlass zur Verwirrung. Um so erstaunlicher, dass die bekanntesten Sorten des „echten" Pfeffers – der schwarze, der weiße und der grüne – alle der gleichen Pflanze entstammen.

PFEFFERKÖRNER WACHSEN IN ÄHREN AN EINER RANKPFLANZE.

Die Heimat des Pfefferstrauchs ist Indien, genauer die Malabarküste im Süden des Landes. Bereits vor mehr als tausend Jahren verbreitete sich die immergrüne Kletterpflanze von dort in das heutige Indonesien und nach Malaysia; beide neben Indien, Brasilien, Vietnam und den Philippinen die aktuellen Hauptanbaugebiete. Auch die indisch beeinflussten Küchen Westasiens sowie das nördliche Afrika lernten die Würzkörner recht bald kennen.

Sein weiter Transportweg machte den Pfeffer (wie viele andere exotische Gewürze auch) für die Menschen in Europa zu einem kostbaren Gut; wer sich Pfeffer leisten konnte, galt als reich (man denke nur an den hanseatischen Ausdruck „Pfeffersäcke" für wohlhabende Bürger). Bereits bei der Belagerung Roms durch die Goten wurde Pfeffer als Teil des Tributs gefordert. Im Mittelalter wog man Pfeffer mit Gold auf, bezahlte Pacht und Steuern mit dem Gewürz. Selbst Bräute wurden mit Pfeffer aufgewogen, so hoch wurde das scharfe Gewürz geschätzt. Und wenn man einen unliebsamen Zeitgenossen los werden wollte, so wünschte man ihn sich in die weiteste Ferne – „dahin, wo der Pfeffer wächst".

Bis zu zehn Metern Höhe rankt sich die immergrüne Pfeffer-Pflanze in ihrer Wildform an dünnen Bäumen empor; in den Pfeffergärten ist ihr meist nur ein maximales Wachstum von vier Metern an ihren Stützstangen erlaubt. Weltweit nehmen die Pfefferkulturen heute übrigens eine Fläche von rund 450 000 Hektar ein; geerntet werden im Schnitt jährlich 200 000 Tonnen der scharfen Beeren.

Erst bei drei bis acht Jahre alten Pflanzen bilden sich die ersten winzigen Fruchtkugeln aus den unscheinbaren, kleinen Blüten, die in einer Menge zwischen 50 und 150 Stück in zirka zehn Zentimeter langen Ähren stehen. Ihre Fruchtreife erreichen sie nach acht bis zehn Monaten. Hat der Pfefferstrauch seine volle Reife erlang, trägt er bis zu dreißig Jahre ertragreich; zwei mal jährlich kann man die Pfefferkörner ernten.

Das geschieht auch heute noch per Hand. Der Erntezeitpunkt entscheidet über die spätere Farbe der Beeren und damit des Pfefferpulvers. In der Regel werden die Pfefferfrüchte unreif gepflückt, also grün. Werden sie diesem Zustand nur kurz bei hohen Temperaturen getrocknet (oder gefriergetrocknet) oder sofort in Salzwasser oder Essiglake eingelegt, behalten sie ihre grüne Farbe und das typische frisch-fruchtige, oft leicht zitronige Aroma. Der „Grüne Pfeffer" passt exzellent zu eingelegtem Gemüse und Lamm; da er weich ist, lässt er sich zudem gut für Pasten und Marinaden nutzen. Im Kühlschrank bleibt er gut einen Monat frisch.

Schwarzer Pfeffer entsteht, wenn die unreif geernteten, also grünen bis maximal gelblich-orangen Beeren mehrere Tage – meist in der Sonne – getrocknet werden. Durch die Wärme wird ihre Schale runzelig und nimmt langsam eine dunkle Farbe an. Sind sie nicht ganz schwarz, sondern nur bräunlich und etwas größer, handelt es sich um den so genannten Tellycherry-Pfeffer, dessen Beeren schon im Übergangsstadium zum ersten Reifeabschnitt gepflückt wurden. Telly-Cherry hat ein intensiveres Aroma als die „brennend" schmeckenden schwarzen Körner. Geschmack und Schärfegrad von schwarzem Pfeffer variieren jedoch auch nach Anbaugebiet. Als der beste schwarze Pfeffer gilt der Lampong-Pfeffer aus Südost-Sumatra, gefolgt vom Malabar-Pfeffer.

Lässt man den Pfefferbeeren Zeit, auszureifen, röten sie sich intensiv. Um aus den roten Früchten den weißen Pfeffer zu gewinnen, werden sie etwa eine

Woche lang in Wasser eingeweicht. Die rote Beerenhaut löst sich dabei und gibt das hell-beige, eigentliche Pfefferkorn frei. Es wird dann vollkommen abgeschält und anschließend getrocknet. Weißer Pfeffer ist feiner und milder als schwarzer; er passt gut zu Fisch und Milchprodukten. Die besten weißen Pfeffersorten sollen der Muntok-Pfeffer von der Insel Bangka, der Saravak-Pfeffer von Borneo und der Belem-Pfeffer aus Para sein.

Selten belässt man es in den Anbauländern bei den vollreifen, roten Beeren und legt sie in salzige oder saure Laken ein. In Pfeffermischungen indes findet sich manchmal roter Pfeffer. Er zeichnet sich durch eine Kombination von frischem und doch vollreifem, scharfen Aroma aus.

Sowohl der weiße als auch der schwarze und der seltene rote Pfeffer sollten stets nur frisch gemahlen oder gestoßen verwenden, sonst verlieren sie schnell ihr Aroma. Ganze Pfefferkörner indes kann man ohne große Geschmackseinbußen bis zu drei Jahren aufbewahren. Sie können auch mitgekocht werden. Gemahlenen Pfeffer hingegen sollte man stets erst am Schluss des Kochvorgangs an ein Gericht geben.

Als Ersatz für den handelsüblichen piper nigrum werden mitunter auch andere Gewächse der Pfeffer-Familie verwendet, z.B. der „Lange Pfeffer“ (piper longum oder Bengal-Pfeffer) aus Indien oder der indonesische Kubebenpfeffer mit seinem bitter-scharfen, leicht kampferigen Aroma.

Vieles, was der Volksmund als Pfeffer bezeichnet, hat botanisch indes überhaupt nichts mit den „echten“ Varianten der piperacea zu tun. Das gilt auch für die heute noch in den Maghrebstaaten, insbesondere in Marokko, zum Würzen gebräuchlichen Paradieskörner (aframomum melegueta). Bei ihnen handelt es sich um die getrockneten Samen eines Ingwergewächses, das in Westafrika beheimatet ist. Daher auch die Bezeichnungen Guineapfeffer. Andere Namen sind Malagettapfeffer oder Meleguetapfeffer. Die braunen Würzkörner (als Mahlgut werden sie eher grau), deren Duft unsere Vorfahren offenbar mit jenem des Paradieses assoziierten, sind unter anderem Bestandteil marokkanischer Gewürzmischungen, spielen aber auch bei den Eintöpfen des benachbarten Tunesiens eine Rolle, genauer bei der aromatischen Gewürzmischung *gâlat dagga*, mit der man diese würzt.

Ebenfalls zu den „falschen“ Pfefferarten zählt der nicht mit dem raren roten piper nigrum zu verwechselnde rosa Pfeffer. Die Beeren dieses Efeugewächses (schinus terebenthifolius) ähneln dem Pfeffer zwar im Aroma ein wenig, sind aber fruchtiger, süßer und weniger scharf. Auch der Cayennepfeffer gehört botanisch nicht in die Familie des „echten“ Pfeffers, sondern ist ein Paprikagewächs (siehe dort). Weitere Beispiele für „falschen Pfeffer“ sind der Mohrenpfeffer aus Ghana, der neben der Schärfe leicht bitter und rauchig schmeckt, oder der Szechuanpfeffer aus China mit seinem zitronig-scharfen Aroma.

Viele Pfefferarten dienten seit alters her nicht nur als Würze, sondern auch als Heilmittel. So wussten beispielsweise bereits die alten Griechen um die appetitanregende Wirkung des Pfeffers. Pfeffer, so heißt es, „erwärmt“ den Körper, er wirkt positiv auf Stoffwechsel und Verdauung, da Speichelfluss und Magensaftbildung angeregt werden. Zudem enthält Pfeffer antibakterielle Substanzen und hilft bei Verstopfung, Erkältungskrankheiten sowie bei Zahn- oder Kopfschmerzen.

In der orientalischen Gewürzküche spielt Pfeffer ähnlich wie in der europäischen Küche eine Rolle als fast durchgehend verwendetes Gewürz. Zum milden Fischgeschmack gibt er eine besondere Note.

FISCH-BÖREK IST EINE SPEZIALITÄT AUS ISTANBUL.

Istanbuler Fisch-Börek

AUS DER TÜRKEI

ZUTATEN (FÜR 4 PERSONEN)

* *

300 G FISCHFILET (BONITO, MAKRELE, ANCHOVIS ODER SARDELLEN) | 1 KLEINE ZWIEBEL | 200 G TOMATENPÜREE ODER FRISCHE TOMATEN | EIN PAKET FILOTEIGBLÄTTER | ÖL ZUM FRITTIEREN | 1/2 BUND GLATTE PETERSILIE | 1/2 BUND MINZE | 2 ZWEIGLEIN THYMIAN | 1/2 TL ZIMT | 1 TL PAPRIKAFLOCKEN (ISOT BIBER) | 1/2 TL SCHWARZER PFEFFER | 1/2 TL KREUZKÜMMEL

* *

Gewürze im Mörser zu einem feinen Puder zerstoßen.
Zwiebel häuten und würfeln, in etwas Öl glasig dünsten. Das Gewürzpuder zugeben, kurz anrösten, dann die gehäuteten und gewürfelten Tomaten oder das Tomatenpüree hinzufügen. Alles gut mischen und kurz aufkochen lassen.
Den Fisch in kleine Stücke zupfen, in etwas Öl anbraten und gar ziehen lassen. Die fein gehackten Kräuter zugeben, die Gewürz-Zwiebel-Tomatensoße vorsichtig unterziehen. Alles gut vermischen.
Ein halbes Filoteig-Blatt auslegen und einen großen Esslöffel von der Fisch-Tomaten-Mischung am unteren Rand darauf verteilen. Von unten nach oben umklappen, dann von der Seite aufrollen. Rollenende mit etwas Wasser befeuchten und mit Fingerdruck verschließen. Mit weiteren Teigblättern fortfahren, bis die gesamte Füllung aufgebraucht ist. Teig-Rollen in heißem Öl frittieren, bis sie goldbraun und knackig sind. Vor dem Servieren auf Küchenkrepp abtropfen lassen.

Couscous mit Fisch

AUS TUNESIEN

ZUTATEN (FÜR 8 PERSONEN)

* *

3 ZACKENBARSCHE | 150 G TOMATENMARK | 2 TASSEN OLIVENÖL | 2 ZWIEBELN, GEHACKT | 3 KARTOFFELN | 400 G STECKRÜBEN | 700 G KAROTTEN | 400 G ZUCCHINI | PFEFFER | KREUZKÜMMEL | 40 G HARISSA | 50 G KNOBLAUCH | 700 G COUSCOUS

* *

Die Fische in große Stücke zerteilen. Aus den Gewürzen, etwas Harissa und Knoblauch mit einer Tasse Olivenöl eine Marinade herstellen und den Fisch mindestens eine Stunde darin ziehen lassen.
Die Kartoffeln vierteln, das übrige Gemüse in Scheiben schneiden.
Im unteren Teil des Couscous-Topfs die gehackte Zwiebel in einer Tasse Olivenöl glasig garen. Dann Tomatenmark und ein Glas Wasser zugeben, salzen und pfeffern. 15 Minuten lang bei schwacher Hitze köcheln lassen, dann mit Harissa und Knoblauch würzen, 5 Minuten köcheln lassen, dann 2 Gläser Wasser und den marinierten Fisch zugeben.
Inzwischen den Couscous mit etwas Wasser besprenkeln und die Körner zwischen den Fingern reiben, warten, bis der Couscous das Wasser aufgesogen hat, und ihn in den oberen Teil des Topfes geben.
Wenn der Fisch gar ist, ihn aus dem Topf heben, warm stellen und das Gemüse in die Soße geben, zuerst die Kartoffeln, dann die Rüben und Karotten, zuletzt die Zucchini. So viel Wasser zugeben, dass das Gemüse bedeckt ist. Bei schwacher Hitze köcheln lassen.
Den Couscous aus dem Dampf nehmen, noch einmal mit Salzwasser benetzen, 5 Minuten ruhen lassen und wieder in den Dampf hängen. Dort 20 Minuten garen lassen.
Wenn der Couscous gar ist, kommt er in die Servierschüssel. Sobald auch das Gemüse gar ist, wird es aus der Soße gehoben und warm gestellt. Die Soße wird mit einem Schöpflöffel portionsweise über dem Couscous verteilt. Dann 10 Minuten warten, bis er sich vollgesogen hat. Vor dem Servieren Gemüse und Fisch auf dem Couscous anrichten.

COUSCOUS MIT FISCH GEHÖRT ZU DEN TYPISCHEN GERICHTEN DER TUNESISCHEN KÜSTENREGION.

Fenchelsalat nach Berberart

AUS MAROKKO

ZUTATEN (FÜR 4 PERSONEN)

2 GROSSE FENCHELKNOLLEN | 1/2 TL SCHWARZER PFEFFER | 1 ZITRONE (SAFT) | 1 EL OLIVENÖL | SALZ

Die Herzen der Fenchelknollen in Längsrichtung in sehr dünne Scheiben schneiden, waschen, abtrocken. Kreisförmig auf einem Teller arrangieren und mit einer Soße aus dem Öl, dem Zitronensaft, Salz und Pfeffer übergiessen.

FENCHELSALAT NACH BERBERART IST EINFACH UND SCHNELL ZUBEREITET.

Chorba

LAMMFLEISCHSUPPE AUS ALGERIEN UND TUNESIEN

ZUTATEN (FÜR 4 PERSONEN)

300 G LAMMFLEISCH OHNE KNOCHEN | 1 KLEINES STÜCK GESALZENE BUTTER | 2 EL TOMATENMARK | 2 EL OLIVENÖL | 1/2 TL HARISSA | 1/2 TL GEMAHLENER SCHWARZER PFEFFER | 100 G CHORBA (FEINE NUDELN) | 50 G GEHACKTE PETERSILIE | 50 G STANGENSELLERIE (1 STIEL) | 1 ZITRONE (SAFT) | SALZ

Das Fleisch in kleine Stücke schneiden und mit Salz und Pfeffer würzen. In Öl anbraten. Tomatenmark, Harissa, fein gehackte Petersilie und in Scheiben geschnittenen Sellerie hinzufügen. Gut vermengen. Mit Wasser bedecken und ohne Deckel kochen lassen. Wenn das Fleisch gar ist, mit einem Liter Wasser aufgießen und zum Kochen bringen. Nun die Chorba-Nudeln dazugeben und noch etwa 10 Minuten kochen lassen.
Mit Zitronensaft abschmecken.

Safran

(Crocus sativus)

Als König oder Königin der Gewürze wird SAFRAN oft bezeichnet und als „Blume, die Orient und Okzident verbindet". Tatsächlich war und ist Safran (vom arabischen *za fran*, „gelb sein" oder vom persischen *za faran*) eine erlesene Köstlichkeit – und die hat ihren Preis. Acht bis zehn Euro für ein Gramm sind da heute nicht ungewöhnlich; immerhin müssen die Narben aus 150.000 Blüten des Schwertliliengewächses gesammelt werden, um ein Kilo trockene Safranfäden zu erhalten!

Bereits im Altertum schätzte man Safran als Gewürz, Medizin und Färbemittel hoch ein. Der schöne Herbstkrokus – nicht zur verwechseln mit der hochgiftigen Herbstzeitlosen – wird gelobt in den Versen der griechischen und römischen Dichter; auf Kreta im Palast von Knossos ist noch eine Wandmalerei aus der Zeit um 1500 vor Christus erhalten, auf der Safran sammelnde Menschen zu sehen sind. Schon die alten Perser würzten mit Safran; auch bei den Phöniziern genoss er hohes Ansehen. Um 900 nach Christus brachten wohl arabische Händler den Safran nach Spanien, um 1330 gelangte er unter Edward III. nach England, wo er bis Anfang des 20. Jahrhunderts angebaut wurde.

BEIM EDLEN SAFRAN ZÄHLT JEDES GRAMM.

Babylonier und Assyrer benutzten Safran als Heilmittel. Auch in altägyptischen Medizinbüchern wird die Zwiebelpflanze erwähnt; in den schriftlichen Quellen der Sumerer noch früher. Altchinesische Heiler vertraten bereits die Meinung, Safran verleihe Energie und stimuliere die Potenz. Für die Römer stand außer Frage, dass der *crocus sativus* Katarakt/Star heilen könne. Der griechische Arzt Dioskurides schrieb in seinem Werk *De materia medica*, Safran sei harntreibend und wirke bei Entzündungen. Dass er herzstärkend und aphrodisiakisch sei, wusste man ebenfalls schon in vorchristlicher Zeit. Bis heute nimmt man Safran zur Magenstärkung, gegen Darmkoliken, zur Appetitverbesserung, bei Leberkrankheiten, zum Lindern von starken Hustenanfällen und zur Heilung von Keuchhusten. Auch bei Herstellung von Augentropfen wird Safran benutzt. Außerdem ernähre, so heißt es, Safran alle Körperzellen – vor allem jene des Blutes. Er reinige Nieren und Blase, glätte die Haut und lasse das Großhirngewebe wachsen. In größeren Mengen genossen (ab 10 g Pulver) erzeugt Safran indes auch negative Effekte: Er kann Halluzinationen auslösen, narkotisch wirken und bei Schwangeren zu einer Fehlgeburt führen; im schlimmste Falle wird bei einer Überdosis das zentrale Nervensystem komplett gelähmt.

Das Gelb der Safran-Narben war seit alters her die Farbe der Herrschenden, der Auserwählten; eine heilige Farbe. Gelb waren die Schuhe babylonischer Könige, safrangelb die Kleider der ersten Damen im Staate (so wie später jene der Buddha-Anhänger). Die Griechen streuten Safranpulver in ihre Tempel und Paläste, und die Kissen ihrer Gäste füllten sie mit den wohlriechenden Blüten. Reiche Römer be-

nutzten Safran gegen schlechte Gerüche, der Kaiser badete in Safranwasser. Im Theater wurden die Sitze für die obere Gesellschaft mit Safranwein besprengt. Auch als Pigment wurde Safran eingesetzt, wie die Fresken Pompeijs beweisen; später erhielten Staats- und Kirchenoberhäupter die ebenso schöne wie kostbare Pflanze als auserlesenes Geschenk.

So hoch geschätzt, aber für viele unerschwinglich, weckte Safran vielerorts Begehrlichkeit und Fälscherlust. Schon in der Naturkunde des Römers Plinius erfahren wir, dass Safran unter anderem dazu diente, Goldschriften zu imitieren oder um Zinn oder Silber wie Gold erscheinen zu lassen. Grausame Strafen sollten die „Safranschmierer" abschrecken, aber auch jene, die das kostbare Gewürz mit Mehl, Gips, Talkpulver oder anderen Pflanzen zu strecken oder gar durch diese zu ersetzen suchten. Aus dem mittelalterlichen Nürnberg, damals Zentrum des europäischen Safranhandels, ist bekannt,

dass die Übeltäter mitsamt ihrer gefälschten Ware verbrannt wurden. Auch das Abhacken der Hände oder lebendiges Begraben zählte zu den Strafen für die geldgierigen Fälscher. Safran-Schmugglern und -Räubern drohte ebenfalls das Todesurteil.
Woher nun stammt der begehrte crocus sativus? Jüngeren wissenschaftlichen Erkenntnissen zufolge dürfte Kreta die Heimat der Safranpflanze sein. Angebaut wird sie inzwischen längst aber auch in anderen griechischen Regionen sowie im Iran, in Südfrankreich, in Spanien, Marokko, der Türkei und in Italien. Auch in Österreich (Pannonischer Safran) und in der Schweiz (um Mund) existieren kleine Anbaugebiete, ebenso in der Ukraine sowie in den Ländern des Kaukasus und in Indien (Kashmir). Pro Jahr werden ungefähr 300 Tonnen Safran produziert, das Gros davon im Iran.
Das schöne, aber unfruchtbare und daher in großen Mengen nur durch Menschenhand über die Knollen zu vermehrende Krokusgewächs erreicht eine Wuchshöhe zwischen zehn und zwanzig Zentimetern. Die Blüten – es gibt eine bis zwei pro Pflanze – sind ziemlich groß und von violetter Farbe. Aus der Blüte ragen drei orange-rote Narbenschenkel hervor. Diese „Fäden" werden am Anfang der Blütezeit von Hand entfernt und anschließend getrocknet – nach traditioneller Methode in einem schattigen, von Luft durchströmten Raum. Beim Trocknen verlieren die Fäden vier Fünftel ihres Gewichts.
Echter Safran hat einen bitter-aromatischen, an Heu und entfernt an Honig erinnernden Geruch; die Textur der trompetenförmigen Fäden ist etwas fettig, ihre Farbe tief dunkelrot. Je nach Qualität messen die Fäden einen bis vier Zentimeter. Benetzt man einen echten Safranfaden mit Wasser, löst sich sofort der gelbe Farbstoff Crocin, der zur Familie der Carotinoide gehört. Es empfiehlt sich immer, die Fäden statt des (ziegelroten) Pulvers zu kaufen; luftdicht verschlossen und dunkel gelagert halten sie ihr Aroma und ihre Färbekraft mehrere Jahre. Außerdem lassen sie sich nicht so einfach imitieren. Dennoch kommt es heute immer wieder vor, dass statt der teuren Krokusnarben gefärbte Grasspelzen angeboten werden oder Ringelblumen (Calendula) oder dass echter Safran mit diesen Produkten gestreckt wird. Mitunter werden diese mit Farbstoff angereicherten Fadenmischungen auch noch künstlich beschwert, indem man sie mit Öl oder Glycerin bedampft.
In der arabischen Küche wird echter Safran oft ersetzt durch Saflor, den Samen der Färberdistel. Saflor, ein Korbblütengewächs, enthält im Gegensatz zu Safran jedoch kein ätherisches Öl, das heißt die Blüten erzeugen zwar (durch den Flavonoidfarbstoff Carthamin) eine blassgelbe Färbung, tragen aber nichts zum Geschmack der Speisen bei.

AUS DEN NARBEN DER SAFRANBLÜTE WIRD DAS KOSTBARE GEWÜRZ GEWONNEN.

Echten Safran findet man in verschiedenen Qualitäten; die beste trägt die Bezeichnung „Coupe" bzw. „Sargol". Dieser so genannte „eligierte" Safran besteht ausschließlich aus den vom Griffel abgetrennten Blütennarben. Er hat die höchste Färbekraft.
Beim „naturellen" Safran (Qualitätsbezeichnung „Mancha" oder „Pooshali") sind die drei Blütennarben noch mit einem Teil des gelblich-weißen Griffels verbunden. Das macht diesen Safran voluminöser. Obwohl der Blütenrestanteil höher als bei Sargol-Safran ist, ist die Färbekraft fast ebenso hoch. Die Blütennarben bleiben bei der Verarbeitung intakt, so dass weniger Aroma verloren gehen kann.
„Indischer Safran" hat mit dem crocus sativus überhaupt nichts zu tun – bei ihm handelt es sich schlicht um Kurkuma.
Es gibt verschiedene Methoden, Safran beim Kochen einzusetzen: Man kann die Safranfäden ganz hinzufügen und mitkochen – so erzielt man ein intensive Färbung der Speisen. Für das Aroma indes ist es bes-

IM IRAN WIRD SAFRAN ANGEBAUT UND IN VIELEN GERICHTEN VERWENDET.

ser, die Fäden erst am Schluss beizugeben. Man kann die Safranfäden aber auch zermörsern (eventuell unter Zugabe von Zucker, allerdings „schluckt" der Mörser viel von dem entstehenden Puder) und dann den Gerichten beigeben. Aroma und Farbe des kostbaren Gewürzes entfalten sich jedoch am schönsten, wenn man die Fäden in etwas Flüssigkeit einweicht. Das kann Wasser sein, aber auch Wein, Essig, Öl, Zitronensaft, Milch etc. Die Safranlösung abdecken, einige Zeit stehen lassen und dann zum Kochgut geben. Je wärmer die Flüssigkeit ist, umso schneller entwickeln sich Farbe und Aroma. In der persischen wie in der marokkanischen Küche wird Safran gerne in Rosenwasser eingeweicht.

Echter Safran ist sehr ergiebig; für die Färbung von 3 Liter Wasser würden beispielsweise schon zwei trockene Stempelfäden reichen, das entspricht ca. 0,01 Gramm. Safran färbt orangegelb, verantwortlich für die intensive Farbe der Pflanze sind die in den Narben enthaltenen Carotinoide. Dort sitzen auch ätherische Öle mit Vitaminen wie B1 und B2.

Safran aromatisiert und färbt viele orientalische Reisgerichte, Süßspeisen und Gebäck. Die „Gelbe Würze" passt aber auch hervorragend zu Fisch, Geflügel, Lamm und Hammel, Brühen und Suppen. Besonders in Persien liebt man die wundervolle Kombination aus getrockneter Pfefferminze und Safran.

Speisen, in denen Safran sogar mit leichter Schärfe kombiniert wird, findet man in den Golfstaaten. In einigen Ländern wird Safran dem Tee und dem Kaffee hinzugefügt.

Mahi-Sefid-e Schekam-Por

GEFÜLLTER BARSCH AUF PERSISCHE ART

ZUTATEN (FÜR 4 PERSONEN)

* *

1 BARSCH (VOM HÄNDLER AUSNEHMEN LASSEN) | 20 G BUTTER | 1/2 TL SAFRAN | 1 EL ZITRONENSAFT | 1 ZITRONE

FÜR DIE FÜLLUNG:
100 G GETROCKNETE PFLAUMEN OHNE KERN | 100 G GETROCKNETE APRIKOSEN OHNE KERN | 100 G GEMAHLENE WALNÜSSE | 100 G KERNLOSE ROSINEN | 2 EL GRANATAPFELSIRUP | SALZ, PFEFFER

* *

Barsch waschen und trockentupfen, den Ofen auf 150 Grad vorheizen. Safran in 1 Esslöffel heißem Wasser auflösen. Die Butter schmelzen, Safranwasser und Zitronensaft zugeben, Mischung beiseite stellen.
Für die Füllung Pflaumen und Aprikosen in kleine Würfel schneiden, Rosinen halbieren, die gemahlenen Walnüsse und den Granatapfelsirup untermischen, mit Salz und Pfeffer abschmecken. Den gefüllten Fisch mit Küchengarn zunähen, dann in einer Auflaufform mit etwas Öl 1 Stunde lang garen. 15 Minuten vor Ende der Garzeit den Fisch mit der Butter-Safran-Mischung bestreichen.
Auf Reis servieren.

Albaloo Polo

PERSISCHER SAUERKIRSCH-REIS

ZUTATEN (FÜR 6 BIS 8 PERSONEN)

* *

1 KG REIS (BASMATI) | 2 KG SAUERKIRSCHEN | 2 KG ZUCKER (RAFFINIERT ODER BRAUN) | 1 TL SAFRAN | 50G PIZTAZIEN | 50 G MANDELBLÄTTECHEN | 200 G ÖL

* *

Entsteinte Kirschen mit dem Zucker und etwas Wasser auf kleiner Flamme einkochen (etwa 20 Minuten), entstehenden Sirup beiseite stellen. Kirschmasse erkalten lassen. Währenddessen den gewaschenen Reis in reichlich gesalzenem Wasser einweichen, abgiessen, mit klarem Wasser gut spülen und in einem großen Topf mit etwas Öl und Salz zum Kochen bringen. Wenn der Reis halb gar ist, vom Feuer nehmen. In einen großen Topf etwas Öl und ein wenig Sauerkirschsirup geben, eine Lage Reis darauf schichten, den Topfdeckel mit einem Geschirrtuch umwickeln, aufsetzen und bei mittlerer Hitze kochen, bis Dampf aufsteigt. Dann die Temperatur auf ein Minimum reduzieren. Abwechselnd Kirschmasse und weiteren Reis in den Topf schichten und Reis gar kochen.
Safranfäden in etwas heißem Wasser lösen und kurz vor dem Servieren mit einer Handvoll Reis mischen. Fertige Reis-Kirsch-Mischung auf eine Platte stürzen (es sollte sich eine schöne Kruste gebildet haben), mit dem Safran-Reis, gehackten Pistazien und den Mandelblättchen bestreuen.
Zu diesem Reis passen Hühnchenschenkel (pro Person 1 Schenkel), auf dem Backblech gegrillt und nur mit schwarzem Pfeffer gewürzt.

AM ABEND WEICHEN DIE MARKTSTÄNDE AUF DER DJEMAA EL FNA IN MARRAKESCH DEN GARKÜCHEN.

29
22

Zerde

REISPUDDING AUS ANATOLIEN

ZUTATEN (FÜR 4 KLEINE PORTIONEN)

1/2 TL SAFRANFÄDEN | 5 EL ROSENWASSER | 50 G REIS | 150 G ZUCKER | 25 G PINIENKERNE | 1 TL ZIMT | 1/2 GRANATAPFEL (NUR DER SAMEN) | 25 G KORINTHEN

Safran über Nacht in dem Rosenwasser einweichen. Den Reis waschen und bei sehr geringer Hitze in 250 ml Wasser 25 bis 30 Minuten quellen lassen, bis er das ganze Wasser aufgesogen hat. Alle 10 Minuten 50 g Zucker zugeben. Das mit Safran aromatisierte Rosenwasser unter den Reis mischen. Vom Feuer nehmen und noch etwa 10 Minuten ziehen lassen.
Die Pinienkerne ohne Fett in der Pfanne rösten und hacken. Zerde in Portionsgläser oder –Schalen füllen, nach dem Abkühlen mit Pinienkernen, Zimt, Granatapfelsamen und Korinthen garnieren. Wer mag, kann noch Joghurt als Soße darübergeben.
Zerde wird in der Regel nur bei besonderen Anlässen serviert, es ist der typische Hochzeitspudding.

BEIM LANGSAMEN SCHMOREN IN DER TAJINE VERSCHMELZEN DIE AROMEN DER GEWÜRZE HARMONISCH.

FOLGENDE DOPPELSEITE LINKS DAS BESONDERE AROMA DES GRANATAPFELS WIRD VIELEN GERICHTEN DURCH SEINEN SIRUP VERMITTELT.

RECHTS ROSENWASSER EIGNET SICH GUT ZUM EINWEICHEN DER SAFRANFÄDEN.

Lammtajine mit Aprikosen

AUS MAROKKO

ZUTATEN (FÜR 4 PERSONEN)

120 G GETROCKNETE APRIKOSEN | 2 EL OLIVENÖL | 1 ZWIEBEL | 1 KG LAMMSCHULTER | 1 TL KORIANDER | 1 TL KREUZKÜMMEL | 1 TL ZIMT | 1 TL SAFRAN | 1 EL GEMAHLENE MANDELN | 1/2 UNBEHANDELTE ORANGE (SCHALE) | 300 ML HÜHNERBOUILLON | 1 EL SESAM | SALZ, PFEFFER

Aprikosen zweiteilen und über Nacht in etwas Wasser einweichen. Ofen auf 200 Grad vorheizen. Zwiebel klein schneiden und in einem feuerfesten Topf in Olivenöl leicht anbräunen. Fleisch würfeln, mit dem Kreuzkümmel, dem Koriander und dem Zimt in den Topf geben. Mit Salz und Pfeffer würzen, gut mischen, so dass die Fleischstücke mit allen Gewürzen in Berührung kommen. Etwa 5 Minuten unter stetem Rühren kochen. Die Aprikosen samt Einweichwasser hinzugeben, ebenso die Schale der Orange, den Safran, die Mandeln und genügend Bouillon, so dass das Ganze mit der Flüssigkeit bedeckt ist. Deckel auf den Topf setzen und im Ofen bis 1 Stunden köcheln lassen, ab und an Bouillon zufügen und umrühren. Sesamsamen goldbraun rösten und zum Servieren über die einzelnen Portionen streuen, ebenso einige Korianderblättchen. Dazu passt Couscous.

Die beschriebene Art, Tajine zuzubereiten, ist die zeitgenössische und gedacht für all jene, die keinen typischen Tajine-Topf besitzen. Jener ist aus Ton, zweiteilig, mit einer Art tiefen Teller als Basis, auf den ein ebenfalls tönerner Kegel gesetzt wird. Auf den Teller werden mit etwas Öl zunächst jene Zutaten gelegt, die lange zum Gar-werden brauchen (in diesem Falle Fleisch und Zwiebel) dann schichtet man die schneller garenden Zutaten darüber (hier also Aprikosen, Mandeln). Flüssigkeit muss kaum zugegeben werden in der Tajine, sie funktioniert wie eine Art Dampfkochtopf. Auf kleinster Herdflamme garen alle Zutaten langsam mindestens zwei Stunden vor sich hin. Tonkegel dabei nicht anheben, Gargut nicht umrühren!

125 ml
صالح لبشرة
ماء الورد قلعة
Eau de Rose
125 ml
Eau de Rose
صالح لعلاج الأعين
Soin des yeux
قلعة مكونة

Sumach

(Rhus coriaria)

Bereits in der Antike wurde der in Buschgestalt oder als kleiner Baum wachsende SUMACH vielseitig verwendet. Die alten Griechen nutzten ihn zur Produktion von Gerbsäure, aber auch als Gewürz. Lack und Wachs sowie ein rötlich-braunes Färbemittel (für die Haare wie für Wolle) wurden aus seiner Rinde und aus den Blättern gewonnen. Im Kochbuch des Römers Apicius findet sich der Gewürz-Sumach, der aus den Früchten des Baumes gewonnen wird (mitunter auch Sizilianischer Zucker genannt), als Zutat in einer Soße für Muräne und Aal. Bekannt ist aus dem alten Rom überdies ein saurer, roter Sud aus Sumach-Früchten, den man Fleisch- und Gemüsegerichten zufügte.

DER SUMACHPFLANZE SIEHT MAN LEICHT DIE VERWANDTSCHAFT MIT DEM DEKORATIVEN ESSIGBAUM EUROPÄISCHER GÄRTEN AN.

Rus coriaria Linné (vom lat. *corium*, „Leder" als Verweis auf den hohen Gerbstoffgehalt der Pflanze) wächst wild und kultiviert im südlichen und östlichen Mittelmeerraum (beispielsweise in den felsigtrockenen Regionen Süditaliens und Siziliens), in der Türkei, im Iran, in den Gebieten Arabiens und Zentralasiens. Im Libanon fehlt sie in fast keinem Garten; auch in Syrien ist der Gewürzsumach weit verbreitet. Die hochwertigsten Früchte wachsen in den Höhenlagen.

Die Pflanze kann bis zu drei Meter hoch werden. Sie hat gefiederte Blätter und traubenförmige Rispen mit zahlreichen kleinen, tiefviolettroten Steinfrüchten, die sich aus gelblichen Blüten entwickeln. Die Blätter sind wie die Äste behaart und weisen eine leichte Rotfärbung auf.

Die Früchte des Gewürzsumach lassen sich als Ganzes verwenden (zerdrückt mit heißem Wasser übergossen in Form von Sud, den man ca. 20 Minuten ziehen lassen sollte); meist sind sie jedoch als grobes, rotbraunes bis purpurfarbenes Pulver im Handel, oft mit etwas Salz vermischt. Händler fügen das Salz zum einen zur schnelleren Trocknung des Mahlgutes zu, zum anderen, um das Verkaufsgewicht ihres Produkts zu steigern. Hochwertiger „Sumak" (man erkennt ihn an der hellroten Farbe) indes enthält kein Salz; zudem werden die Steinfrüchte dafür nicht komplett vermahlen oder geschrotet, sondern es wird nur die dünne Schicht Fruchtfleisch abgeschabt und anschließend unter hoher Hitze, idealerweise unter starker Sonneneinstrahlung, getrocknet. Auf diese Weise werden – anders als beim Pulverisieren der getrockneten Früchte – keine oder wenigstens kaum Bitterstoffe freigesetzt. In der Reinform ist das Gewürz durchaus ergiebig.

Bekannt sind etwa 600 verschiedene Sumach-Arten auf fast allen Kontinenten; viele davon werden zur Dekoration in Gärten eingesetzt, denn im Herbst verfärben sich die Blätter des Baumes wunderbar feurig rot. Ein bekannter Vertreter der dekorativen Sorten ist der Essigbaum (Rhus typhina L.). Wie dieser sind auch einige andere Mitglieder der Sumach-Familie leicht giftig.

Die essbare Variante des Sumach hat seit Jahrhunderten große Bedeutung in der arabischen Küche und im Vorderen Orient. Als säuerlich-herbes Gewürz mit leicht harziger Frische ist Sumach (arab.: *as-summaq*) bis heute vor allem in der türkischen, kurdischen, libanesischen, syrischen und persischen Küche beliebt. In der Türkei und im Iran steht „Sumak" häufig auf dem Tisch zum individuellen Gebrauch und wird großzügig vor allem über Reis- und Fleischgerichte, Eintöpfe und Salate gestreut. Kebabs erhalten ebenfalls Sumach als Würze. Von seiner dezenten Säure profitieren überdies Joghurt und Hülsenfrüchte. Geflügel lässt sich in einem Sumachsud gut marinieren, Grillfleisch, Fisch, Huhn reibt man oft mit Sumachpulver ein. Für die Gewürzmischung *zatar* (auch *satar* genannt) wird Sumachpulver mit Sesamsamen und gemahlenem Majoran oder Thymian und Oregano, Salz (und optional) Pfeffer vermischt. Man verwendet Zatar für gebratenes oder gegrilltes Fleisch oder stellt mit Olivenöl einen Brotaufstrich her – ähnlich dem ägyptischen *dukka*.

Der säuerlich-herbe, astringierende Geschmack der Früchte beruht auf verschiedenen Fruchtsäuren wie Äpfel-, Zitronen- und Ascorbinsäure, auf Tanninen und ätherischen Ölen. Bereits die alten Römer schätzten Sumach nicht nur als Säuerungsmittel, sondern schrieben ihm auch lindernde und heilende Wirkung bei Blutungen und Durchfall zu. Moderne Studien ergaben, dass die Früchte starke antioxidative, zellschützende Effekte haben und für eine Verminderung des Krebsrisikos geeignet sind. Hämorrhoiden und Entzündungen der Harnwege werden mit den Wurzeln oder den Beeren des Sumach-Strauches behandelt. Nordamerikanische Indianer nutzten die Beeren für Umschläge gegen Hautreizungen durch giftige Pflanzen und für stärkende Getränke.

Persischer Gemüsetopf

ZUTATEN (FÜR 4 PERSONEN)

200 G GETROCKNETE APRIKOSEN | 300 G SCHALOTTEN | 250 G SPINAT (ODER TIEFKÜHL-BLATTSPINAT) | 250 G GRÜNE BOHNEN | 1 KLEINE KNOLLE SELLERIE | 80 G BUTTERSCHMALZ | 2 TL KURKUMA | 1 TL SUMACH | 1 TL ZIMT | 1/2 TL NELKENPULVER | 1 TL SCHWARZER PFEFFER, GROB GEMAHLEN | 2 TL LIMETTENSCHALE, DÜNN ABGERIEBEN | 1 BUND DILL | 250 G KICHERERBSEN AUS DER DOSE | 1 TL SALZ

Die Aprikosen über Nacht in Wasser einweichen. Sellerie schälen und in kleine Würfel schneiden. Die Schalotten schälen und in Viertel schneiden. Spinat waschen und grob hacken. Grüne Bohnen entfädeln, halbieren.
Butterschmalz in einem ofenfesten Topf (Bräter) erhitzen. Sumach, Kurkuma, Nelkenpulver, Zimt, schwarzer Pfeffer und Limettenschale im Butterschmalz unter Rühren anbraten. In der Gewürzmischung grüne Bohnen und Sellerie andünsten, nach 5 Minuten die eingeweichten Aprikosen (ohne Einweichwasser), Spinat, Kichererbsen und Salz hinzufügen, mit Dill würzen. Topf mit Deckel verschließen und in den Backofen setzen. Bei 200° C etwa 30 Minuten garen.
Im Topf auf den Tisch bringen. Dazu passt Basmati-Reis oder Fladenbrot. Wer keinen Bräter besitzt, kann sich mit einer Auflaufform behelfen, die mit Backpapier oder Alufolie verschlossen wird.

Musakhan

PITTA-BROT MIT HÜHNERBRUST AUS JORDANIEN

ZUTATEN (FÜR 4 PORTIONEN)

3 EL OLIVENÖL | GEMAHLENER SCHWARZER PFEFFER | SALZ | SAFT EINER LIMETTE | 1/2 TL GEMAHLENER KARDAMOM | 1 TL GEMAHLENER ZIMT | 2 TL GEMAHLENER SUMACH | 450 G AUSGEBEINTE HÜHNERBRUST, MUNDGERECHT ZUGESCHNITTEN | 3–4 ZWIEBELN, GEHACKT | 4 FLADENBROTE, HALBIERT, DAMIT SICH 8 TASCHEN ERGEBEN

Den Ofen auf 180 Grad vorheizen.
Zwiebeln in Öl bei mittlerer Hitze andünsten, bis sie blond werden. Dann die Hühnerfleisch-Stückchen gleichmäßig mit Sumach bestreuen, zu den Zwiebeln geben und mitbraten, bis sie goldbraun sind. Bei schwacher Hitze mit Gewürzen und Limettensaft noch etwa 15 Minuten garen lassen.
Die halbierten Fladenbrote an der Schnittkante aufspreizen und mit dem Hühnerfleisch füllen. Etwa 10 Minuten bei 180 Grad backen, bis das Brot knusprig ist .
Dazu passt Joghurt-Dill-Soße und Salat.

FLADENBROTE SCHMECKEN GEFÜLLT UND AUFGETOASTET BESONDERS GUT.

Persischer Butterreis

Beilage zu gegrilltem Fleisch oder Fisch

Feinen langkörnigen Reis (z.B. Basmati) in etwas Butter anschwitzen, etwas Safran dazugeben, salzen, mit Wasser aufgießen, dünsten. Fertigen Reis auf einen angewärmten Teller geben, in der Mitte eine Vertiefung eindrücken. In diese einen Eidotter und etwas frische Butter geben, mit dem Reis mischen und mit reichlich Sumach bestreuen.

FRISCH GESAMMELTE KRÄUTER SIND OFT DIE EINNAHMEQUELLE DER ARMEN UND ALTEN.

Sogan Piyazi

ZWIEBELSALAT MIT SUMACH AUS DER TÜRKEI

ZUTATEN (FÜR 4 PORTIONEN)

400 G GEMÜSEZWIEBELN | 2 TL SALZ | 4 EL GEHACKTE PETERSILIE | 1 EL SUMACH | 2 EL GEHACKTE OLIVEN | 1 TL OLIVENÖL | SALZ | PFEFFER

Die Zwiebeln schälen und mit dem Gurkenhobel in feine Ringe schneiden. Einsalzen und 30 Minuten stehen lassen, unter fließendem Wasser abspülen und mit der Hand fest auspressen. Abtropfen lassen und nochmals auspressen. Oliven kleinhacken.
Zwiebelringe auf einen Teller legen, mit Olivenöl beträufeln und mit Salz und Pfeffer würzen. Oliven, Sumach und Petersilie darüber streuen. Leicht durchmischen.
Der Salat passt gut zu gegrilltem Fleisch, Hackbällchen oder auch gebratenem Fisch.

Zatar

JORDANISCHE GEWÜRZMISCHUNG

Zatar ist eine dem Thymian verwandte Gewürzpflanze, man nennt ihn auch Corido-Thymian (lateinisch Coridothymus capitatus syn. Thymus capitatus). Die Zatar-Mischung passt gut zu gegrilltem Fleisch und wird als Gewürz auch zu Brot- und Fladengerichten gereicht.

4 EL SESAM | 4 EL SUMACH | 3 EL ZATAR | ETWAS SALZ

Sesamsamen rösten, Zatar rebeln und mit den anderen Gewürzen gut mischen.

Zimt

(Cinnamonum zeylanicum)

ZIMT ist eines der ältesten tropischen Gewürze der Welt, bereits 3000 vor Christus wurde das Lorbeergewächs in chinesischen Schriften erwähnt. Zu Zeiten der Könige David und Salomon war Zimt als Gewürz und Zutat für Kulthandlungen in Judäa bekannt. Hippokrates hebt in seinen Schriften bereits die medizinische Bedeutung von Zimt hervor. Und der griechische Philosoph Theophrastos rühmt ihn als köstliches Gewürz, vor allem zum Wein. Kaiser Vespasian weihte den Göttern vergoldete Zimtkränze, und auf den üppigen römischen Gastmählern seiner Zeit spielte Zimt als Gewürz, Arznei, Parfüm und als Räucherwerk eine große Rolle. Großer Beliebtheit erfreut sich Zimt bis heute in allen Ländern, in denen man persischen oder arabischen Einfluss spürt.

NUR DIE DÜNNEN ZWEIGE DES ZIMTBAUMS WERDEN FÜR DIE BEGEHRTE RINDE GESCHÄLT.

Aber von welchem Zimt ist hier die Rede? Die Familie der Zimtbäume ist groß (es gibt mehr als 250 Arten) und weit über die Weltkugel verbreitet. So nimmt es nicht Wunder, dass über die Herkunft von Zimt immer wieder Legenden kursierten. Herodot (482–424 v. Chr.) beispielsweise berichtete, dass der Zimt auf dem Grund eines Sees wachse. Arabische Händler erzählten gern, Zimt komme von den Zimtvögeln. Die gefiederten Gesellen horteten das Gewürz in ihren Nestern, und um es zu gewinnen, müsse man die fragilen Zweigbauten mit Pfeil und Bogen abschießen.

Tatsache ist, dass der so genannte echte Zimt, fälschlicherweise oft auch Kaneel oder Canehl genannt, aus Ceylon stammt, dem heutigen Sri Lanka. Daher sein lateinischer Name cinnamonum zeylanicum. Der Gewürzzimt, bekannt auch als Kassie oder Kasienzimt (cinnamonum aromaticum, cinnamonum cassia), hat seinen Ursprung in Südchina, daher wird er mitunter auch als chinesischer Zimt gehandelt. Weitere Zimtregionen sind unter Anderem Indonesien, Vietnam, der Südwesten Indiens, Burma und Laos. Auch auf den Seychellen gelang es, Zimtbäume anzusiedeln.

Nach Mitteleuropa wurde der Zimt (wahrscheinlich handelte es sich um Kassiezimt) nachweislich im 9. Jahrhundert nach Christus eingeführt. Wegen seines hohen Preises kam er nur auf die Tische der ganz reichen Leute. Bezeichnend ist die Erzählung, wonach 1555 der Kaufherr Anton Fugger Schuldscheine von Karl V. vor den Augen des Kaisers in einem Kaminfeuer von kostbaren Zimtstangen verbrannte.

Als echter Zimt wird die abgeschälte und getrocknete Innen-Rinde dünner Zweige des immergrünen Echten Zimtbaumes bezeichnet. In der freien Natur wächst der Baum bis zu einer Höhe von zwanzig Metern. In den Kulturen – den Zimtgärten – hält man ihn auf zirka drei Meter Höhe. Nach ein bis zwei Jahren werden dort die ein bis zwei Meter langen Schösslinge abgeschnitten. Ihnen wird die Rinde abgezogen und gebündelt unter Matten für ein bis zwei Tage fermentiert. Anschließend werden die äußere und innere Rindenschicht entfernt und die verbleibende, gereinigte Rinde an der Sonne getrocknet. Sie rollt sich dabei von selbst nach beiden Seiten zusammen. Mehrere dieser doppelseitig gerollten Rindenstücke werden ineinander geschoben und bilden die bekannte Zimtstange. Je dünner die Stücke, desto feiner ist der Geschmack. Die beste Qualität sieht hell aus und macht den Eindruck von aufgerolltem, trockenem Papier.

Zimtpulver wird auch aus zerbrochenen Stangen des cinnamon zeylanicum hergestellt, meist jedoch aus Kassia-Rinde. Diese rollt sich nur von einer Seite auf, ist dunkler und dicker als der Ceylon-Zimt (ein bis drei Milimeter). Sie stammt von ausgewachsenen Kassia-Bäumen, wird erst ab deren viertem Lebensjahr „geerntet" und hat meist eine Länge zwischen 30 und 60 Zentimetern.

Für Zimt gibt es – das ist wohl einzigartig unter den Gewürzen – eine eigene Wertmaß-Einheit, die so genannte Ekelle. Für den besten Zimt lautet die Wertung 00000 (fünf Nullen); je weniger Nullen, desto geringer die Qualität. Echter Zimt schmeckt stark aromatisch: süß, warm, feurig-würzig; er enthält bis zu vier Prozent ätherisches Öl. Kassia indes ist bitterer, dumpfer – ähnlich wie der Pandang-Zimt, der ebenfalls kulinarisch verwendet wird.

BROT GEHÖRT ZU JEDER MAHLZEIT

Das Aroma des echten Zimtes entfaltet sich besonders gut, wenn man die Stangen in der Pfanne in heißem Öl erhitzt (sie entrollen sich dabei); bei Kassiastangen dagegen ist diesbezüglich Vorsicht geboten, sie verbrennen leicht.
Zimt verfeinert in der orientalischen Küche viele geschmorte Fleischgerichte, allen voran solche mit Lamm und Rind. In Pulverform findet er sich in diversen Gewürzmischungen.
Gemahlener Zimt – Achtung: er schmeck deutlich intensiver und sollte daher nur prisenweise verwendet werden – verliert schnell sein feinwürziges Aroma, während sich Zimtstangen gut verschlossen und vor Wärme geschützt etwa drei Jahre aufbewahren lassen.
Ganze Zimtstangen sollten während der Zubereitung des Gerichts in Flüssigkeit ziehen können. Ihr Aroma passt im pikanten Bereich gut zu jenem von Muskat, Chilli, Cayennepfeffer und Koriander. Zudem verträgt sich Zimt mit Petersilie. Bei süßen Kreationen – von der Milchspeise bis zum Kuchen – ergänzt sich Zimt gut mit Nelken und Vanille.
Zimtblätter und -„blüten" (bei letzteren handelt es sich um die unreifen Früchte; ihre Form erinnert ein wenig an Gewürznelken) spielen in der orientalischen Küche keine Rolle, sie werden generell in sehr kleinem Umfang gehandelt. Die Blätter können den indischen Lorbeer ersetzen, die „Blüten" haben weniger Aroma als die Rinde, sie riechen mild, rein und süßlich. Damit sie ihren Duft entfalten können, müssen sie fein gemahlen werden. Als Gewürz werden sie nur regional verwendet, in China und in Indien.
Das Öl der Zimtrinde wirkt stark aseptisch, es durchwärmt und durchblutet den gesamten Körper, regt Herz und Kreislauf ebenso an wie den Appetit. Unter Umständen kann es jedoch zu Reizungen der Haut führen, daher empfiehlt sich für Bäder und Massagen Zimtblattöl; es hilft bei Verspannungen der Muskulatur und bei Magen-Darm-Beschwerden. Zimt soll außerdem bei Schluckauf, Husten sowie Stirnhöhlenentzündungen helfen und gut für die Zähne sein. Sogar für das Gefühlsleben wirkt eine Prise Zimt angeblich wahre Wunder: Das feine Gewürz harmonisiere die Hirnströme, heißt es. Durch Studien untermauert ist jedenfalls der positive Einfluss von Zimt auf den Blutzuckerspiegel. Bei Typ-2-Diabetikern (nicht insulinpflichtig) sank er ebenso wie der Gesamtcholesterinwert.

Pastilla

MAROKKANISCHE PASTETE

ZUTATEN (FÜR 4 PORTIONEN)

5 LAGEN FILO-TEIG | 125 G BUTTER
FÜR DIE ERSTE FÜLLUNG:
1 HUHN | SAFRAN-PULVER UND FÄDEN | 1/2 TL INGWERPULVER
FÜR DIE ZWEITE FÜLLUNG:
3 ZWIEBELN | 1 BUND GLATTE PETERSILIE | 2 EIER
FÜR DIE DRITTE FÜLLUNG:
300 G MANDELN | 2 BIS 3 EL GUMMI ARABICUM (IN DER APOTHEKE ERHÄLTLICH) | 1 EL ZUCKER-ZIMT-MISCHUNG | 5 EL ROSENWASSER

Das Huhn in 6 bis 8 gleiche Teile schneiden, Zwiebeln schälen und würfeln, Petersilie waschen und fein hacken, die Mandeln überbrühen, enthäuten und in einer beschichteten Pfanne bei geringer Hitze langsam anrösten.
Eine Springform (28 Zentimeter Durchmesser) mit Backpapier auslegen und zwei Lagen Teig darauflegen. Den Backofen auf 250 °C vorheizen, die Butter kurz in den warmen Ofen stellen, bis sie schmilzt.
Die Hühnerteile in Pfeffer, Salz, Safran-Fäden und -Pulver und Ingwerpulver wenden, dann in einem Topf in Öl scharf anbraten. Mit Wasser ablöschen und bei schwacher Hitze köcheln lassen, bis sich das Fleisch von den Knochen löst. Das Hühnerfleisch in kleine Stückchen zerteilen und beiseite stellen.
Für die zweite Füllung Zwiebeln mit Petersilie in etwas Öl andünsten, Rosenwasser, Zucker und eine Prise Salz hinzugeben.
Eier aufschlagen, die Hühnerteile aus dem Topf nehmen, in der Hühnerbrühe Eierstich machen, in ein Sieb abschütten und mit der Gabel zerdrücken. Eierstich zur Petersilienmischung stellen.
Für die dritte Füllung die Mandeln zusammen mit dem Gummi Arabicum fein mahlen und mit dem Zimtzucker und 2 Esslöffeln Rosenwasser vermischen. Den mit Filoteig in der Springform mit etwas zerlassener Butter bestreichen. Mit der ersten Füllung belegen, mit einer Lage Teig bedecken, die wieder mit Butter bestrichen wird. Überstehender Teig der zweiten und dritten Lage wird nach innen eingeschlagen. Die zweite Füllung daraufgeben (erst die Zwiebelmischung, dann der Eierstich), wieder mit Teig bedecken und mit Butter bestreichen. Diese Lage mit Mandelpaste bestreichen, mit Butter bestreichen, eine Lage Teig auflegen. Die überstehenden Blätter der untersten Lage über die Seiten zum Deckel hin klappen. Alles noch einmal mit Butter bestreichen und 5 Minuten backen. Vor dem Servieren mit Puderzucker und Zimt bestreuen.

Die Teigblätter sollten sehr dünn sein, es können gegebenenfalls jeweils auch zwei zwischen die einzelnen Füllungen gegeben werden. Fertige Filoteigblätter werden mit etwas Wasser geschmeidiger. Im Original wird die Pastete mit Taubenfleisch hergestellt, auch den hauchfeinen Teig (Warkha, er ist dünner als Strudelteig und auch als Filo-Teig) machte man ursprünglich ausschließlich selbst: Eine lockere, feuchte Mischung aus Mehl und Wasser wird dafür immer wieder leicht auf eine umgedrehtes großes Metallrund mit Rand (T'bsil dial Warkha) geschlagen, das dann auch als Form zum Backen der Pastilla dient.

Marokkanisches Zimtbrot

ZUTATEN (FÜR 4 PERSONEN)

1/2 FRANZÖSISCHES BAGUETTE | 1–2 EIER | 1/4 L MILCH | 1/2 TL SALZ | MARK VON 1/2 VANILLESCHOTE | BUTTER | ZUCKER | GEMAHLENER ZIMT

Das Baguette der Länge nach halbieren und jede Hälfte in etwa handbreite Stücke schneiden. Die Eier mit Milch, Salz und Vanille verschlagen, die Mischung in einen Suppenteller geben. In einem weiteren Teller Zucker und Zimt mischen. Die Brotstücke nacheinander in die Eiermilch tauchen und in Butter braten. Noch warm in dem Zimtzucker wälzen.

Cornes de Gazelles

MAROKKANISCHE MANDELHÖRNCHEN

ZUTATEN (FÜR 20 BIS 25 STÜCK)

FÜR DEN MÜRBETEIG:
250 G MEHL | 60 G WEICHE BUTTER | 1 PRISE SALZ | 1 EL ORANGENBLÜTENWASSER | 6 EL WASSER |

FÜR DIE FÜLLUNG:
250 G GANZE MANDELN | 80 G PUDERZUCKER | 2 EL ORANGENBLÜTENWASSER | 2 TL ZIMT | 100 G PUDERZUCKER ZUM BESTREUEN DER HÖRNCHEN

Mehl und die weiche, in Würfel geschnittene Butter sowie 1 Prise Salz mit den Händen vermengen. Orangenblütenwasser und nach und nach das Wasser in den Teig einarbeiten. 5 bis 10 Minuten durchkneten, mindestens 1 Stunde im Kühlschrank ruhen lassen.

Für die Mandelmasse Mandeln kurz in kochendes Wasser geben, danach die braune Haut entfernen (Alternative: bereits geschälte oder gestiftete Mandeln verwenden). Mandeln nun zunächst grob zerkleinern (Messer, Nudelholz), dann mit dem Mixer oder der Reibe zu mittelfeinem Mandelpulver verarbeiten. Für die Füllulng Mandeln, Puderzucker, Zimt und 2 Esslöffel Orangenblütenwasser vermischen und zu einer Kugel formen.

Den Ofen auf 200 °C vorheizen.

Den Teig dritteln, den größeren Teil wieder in den Kühlschrank geben. Die Arbeitsfläche mit Mehl bestreuen, dann das erste Drittel möglichst dünn zu einem langen Band ausrollen. (Je dünner der Teig, desto besser die Hörnchen). In kleine Quadrate schneiden oder mit einem Glas Kreise ausstechen. Die Ränder wie bei Ausstecherplätzchen wieder verkneten und kühl stellen. Jeweils 1 Esslöffel Mandelmasse zu einem Hörnchen oder Halbmond formen. Diesen mit einem Stück Mürbeteig umschließen, die Enden gut zusammendrücken.

Das Hörnchen leicht mit der Gabel anstechen und auf ein Backblech geben. Mit dem restlichen Teig ebenso verfahren. Die Hörnchen 10 bis 15 Minuten bei 200 °C backen, bis sie nicht zu viel Farbe bekommen. Noch warm mit Puderzucker bestreuen.

Glossar

Bulgur ist ebenso wie Couscous geschroteter Weizen oder geschrotete Hirse, die man als Beilage zum Essen kocht. Bulgur ist gröber gemahlen als Couscous und wird vor allem im östlichen Mittelmeerraum verwendet.

Couscous besteht ebenso wie Bulgur aus grob gemahlenem oder geschrotetem Getreide. Couscous ist feiner gemahlen als Bulgur und entspricht ungefähr Hartweizengrieß. Er gehört besonders zur Küche der Maghreb-Länder; dort bezeichet man oft nicht nur die Getreidebeilage, sondern das ganze Gericht mit seinem Gemüseeintopf in hundert Varianten als Couscous. Zubereitet wird Couscous traditionell im Couscousier, einem Topf mit Siebeinsatz, in dem der Couscous im Dampf der Gemüsesoße garen kann. Der moderne Instant-Couscous vereinfacht das Verfahren erheblich.

Gummi Arabicum Verdickungsmittel für Süßspeisen, das aus dem Milchsaft einer Akazienart gewonnen wird. In der Apotheke erhältlich.

Filoteig ist ein besonders dünner Blätterteig, der nicht mit Butter, sondern mit Öl hergestellt wird. Die Blätter werden vor dem Verarbeiten mit Wasser besprenkelt. In türkischen Lebensmittelläden findet man ihn fertig im Kühlregal, oft auch unter dem Namen Yufkateig.

Loomi (arabisch) oder „Limo amani" (persisch) heißt eine wichtige Zutat der arabischen und persischen Küche: Es handelt sich um Limetten, die erst in Salzwasser gekocht und dann an der Sonne getrocknet werden. Dabei nehmen sie eine schwarze Farbe an, weshalb man sie in Deutschland schon einmal als „schwarze Zitronen" bezeichnet; genauer ist die englische Bezeichnung „black lime", da es sich um Limetten, nicht um Zitronen handelt.

Tajine ist ein typischer Kochgerät der maghrebinischen Küche, das auch den darin hergestellten Gerichten seinen Namen gegeben hat. Es besteht aus einem tiefen Teller mit einem hohen, spitzen Deckel. Beide Teile sind aus Keramik und ideal, um Gericht aus vielen verschiedenen Zutaten langsam zu garen, ähnlich wie ein Römertopf. Tajine-Gerichte gibt es in unendlich vielen Variationen: vegetarisch oder mit Fleisch, süß oder salzig ... Sie werden traditionell im Topf auf den Tisch gebracht, der oft sehr dekorativ aussieht.

Register

Bildnachweis

WIR DANKEN ALLEN RECHTEINHABERN FÜR DIE FREUNDLICHE GENEHMIGUNG ZUM NACHDRUCK.
BESONDERS DANKT DER VERLAG HERRN DR. ZWINK, LEITER DER ABTEILUNG ALTE DRUCKE IN DER WÜRTTEMBERGISCHEN LANDESBIBLIOTHEK, FÜR SEINE FREUNDLICHE UNTERSTÜTZUNG.

COVERFOTO: SUCRÉSALÉ (FOTO: DESGRIEUX), MALAKOFF, FRANKREICH, FOTOS RÜCKSEITE OBEN: FINKEN & BUMILLER, STUTTGART, RÜCKSEITE UNTEN: FOTOLIA BLACK_MULTI, HANNAH STICKLEY; S. 7 OBEN LINKS: FOTOLIA, PATRICIA CAMION; UNTEN LINKS UND S. 93, S. 110: FOTOLIA, MATTHIEU CHATELAIN; S. 8 LINKS: FOTOLIA, CELESTE; RECHTS: FOTOLIA, SAHARA NATURE; S. 9 RECHTS: FOTOLIA, ERIC PÉDUZZI; S. 13: FOTOLIA, OLIVIER PONCELET; S. 14: FOTOLIA, MICHAEL BARRIERA; S. 18: FOTOLIA, BILBO 06; S. 20: FOTOLIA, GALYNA ANDRUSHKO; S. 24: FOTOLIA, PEFKOS; S. 26: FOTOLIA, FRÉDÉRIQUE LACLOS; S. 34: FOTOLIA, MARTINE WAGNER; S. 37: FOTOLIA, BLACK_MULTI; S. 40: FOTOLIA EMERALDPHOTO; S. 47: FOTOLIA, IMAGEMAKER; S. 56: FOTOLIA, NORBERT CASASOLE; S. 57 FOTOLIA, OLEG KULAKOV; S. 63: FOTOLIA, ALINE CALDWELL; S. 69: FOTOLIA, UROS PETROVIC; S. 79: FOTOLIA, HANNAH STICKLEY; S. 83: FOTOLIA, ANDREAS SAFREIDER; S. 85: FOTOLIA, LOTTAPIX; S. 90: FOTOLIA, VANSTEENWINCKEL; S. 96: FOTOLIA, MOHAMED EL HAJJAMI; S. 101: FOTOLIA, JMFONTECHA; S. 108: FOTOLIA, GÉVI

REDAKTION RITA HENSS: S. 7 RECHTS, S. 9 LINKS, 10, 11, 12, 41, 75, 89, 97, 102

WÜRTTEMBERGISCHE LANDESBIBLIOTHEK STUTTGART: S. 17, 23, 31, 39, 49, 55, 61, 73, 81, 99, 105 (WEINMANN, JOHANN WILHELM: EIGENTLICHE DARSTELLUNG EINIGER TAUSEND IN ALLEN VIER WELT-THEILEN GEWACHSENER BÄUME, STAUDEN, KRÄUTER, BLUMEN, FRÜCHTE UND SCHWÄMME ..., 2 BÄNDE, AUGSBURG 1735), S. 33 (LAURENT D'ARVIEUX: BESCHREIBUNG DER REISE NACH PALESTINA ZU DEM GROSSEN EMIR, LEIPZIG 1740), S. 45: (THOMÉ, OTTO WILHELM: FLORA VON DEUTSCHLAND, ÖSTERREICH UND DER SCHWEIZ, BERLIN 1903), S. 59, 78, 103 (REISE UND BEOBACHTUNGEN DURCH EGYPTEN UND ARABIEN BD. I, BERN UND WINTERTHUR 1779), S. 91 (VOYAGE EN PERSE, EN ARMÉNIE, EN ASIE-MINEURE ET À CONSTANTINOPLE, PARIS 1813)

ALLE ÜBRIGEN BILDER: FINKEN & BUMILLER, STUTTGART